Hans A. Poignée

Avalokita

oder

Die sieben Leben des Albert Lejeune

Inhalt

Herstellung und Verlag:
BoD - Books on Demand, Norderstedt
ISBN 978-3-7386-4576-7

Zum Geleit

Manchmal erscheint uns das, was wir gemeinhin als unser Leben bezeichnen, ziemlich verworren. Wir ändern uns nicht nur häufig, wir sind auch nicht beständig in unserem Fühlen und in unseren Überzeugungen. Manchmal erscheint es uns, wenn wir in ein Fotoalbum blicken, als ob uns dieser Mensch, der wir ganz offensichtlich einmal waren, gänzlich fremd sei. Vielleicht führen wir nicht nur ein Leben, sondern mehrere, die manchmal mit einem Schicksalsschlag oder einer glücklichen Fügung des Himmels beginnen und manchmal in dunklen Sackgassen und Verwirrungen ein Ende nehmen. Vielleicht lebte Albert Lejeune deshalb sieben Leben, oder acht, wer will das schon so genau wissen?

Letztes Leben : Le promeneur solitaire

Die Visitenkarte, die er dem kleinen Jungen in die weichen Hände drückte, war aus feinem, weißem Papier. Den Text konnte der Fünfjährige, der gerade für das Lagerfeuer seiner Eltern nach Holz suchte, noch nicht lesen. Erst eine Weile später las ihm sein Vater vor: „Albert Lejeune, Fußgänger, Wien, Madrid, Gibraltar". Der Mann war nett gewesen, hatte Leon nach seinem Namen gefragt und ihm beim Holzsammeln unterstützt. Dann hatte er seinen Rucksack geöffnet, einen dunklen Laib Brot mit dem Taschenmesser aufgeschnitten, Käsebrot und Milch mit dem Jungen geteilt. Als der Kleine die Visitenkarte seinen Eltern zeigte, hatte der einsame Wanderer den Jakobsbrunnen schon weit hinter sich gelassen. Niemand konnte später feststellen, wohin er gegangen war, noch verstehen, weshalb er seine komplette, spärliche Ausrüstung zurück gelassen hatte. Eine Feldflasche mit kuhfrischer Milch, ein Camembert, ein Vollkornbrot, weder Personalausweis noch Kompass hatte er mitgenommen.

Es war Samstagnachmittag, der Wald stand leuchtend und moosgrün gegen die satten, duftenden Sommerwiesen voll Schaumkraut und Margeriten. Im Kopfteil des Rucksacks fand Leon ein dickes, verfettetes Notizbuch, das nach Gras, Käse und Schimmel roch.

Ein Jahr vorher

Albert Lejeune, legte das fertige Manuskript eines Büchleins aus der Hand. Eigentlich wollte er in narzisstischer Weise diese Novelle als sein letztes Werk der Öffentlichkeit vorstellen. Während er sich selbst mit dem Genuss einer kompletten Tafel Ritter-Sport belohnte, entschied er sich doch noch einmal darüber nachzudenken, ob es über das Leben als solches nicht noch anderes zu berichten gäbe als die Tatsache, dass es unerklärliche Zusammenhänge im Leben gab, dass unglückliche Zufälle im Rückblick eines Lebens sich als Glücksfälle herausstellen, dass Sexualität etwas ist, was sich entwickeln lässt und dass der Tod immer dann entritt, wenn man ihn am wenigsten erwartet. Außerdem fühlte er sich, im Abstand von 14 Tagen betrachtet, unwohl bei der manieristischen Art, in der er den „Marabut" geschrieben hatte. Natürlich war es der Stil von W. Somerset Maugham gewesen, dessen Lebensende er beschreiben und dessen Stil sich in dem blauen Folianten wiederfinden sollte. Aber heute schrieb niemand mehr einen solchen Stil, voller Metaphern, Andeutungen und dunklen Winken. Heute, um Jahr 2000 war es angesagt, extrem cool aus der Welt des Internets zu plaudern, Helden warfen wie bei Grisham nur so mit den 100.000 $ um sich, die Protagonisten reisten ununterbrochen um den Erdball in geheimnisvollen Missionen und wenn nicht, so brachten sie zumindest das Internet zum Erliegen, planten oder verhinderten Attentate auf den amerikanischen Präsidenten oder waren völlig hip in den

Diskos, vollgedröhnt mit Exstacy oder Mushrooms. Ihre Message war wahlweise:

Es lohnt sich jedes Geschäft, wenn es Geld gibt.

Allen geht es schlecht, aber mir geht es besonders.

Männer sind noch blöder.

Nur in geheimer Mission, mit MG, Maserati und Laptop lohnt sich der Einsatz des Lebens.

Nur frisch eingekaufte Hemden, Kokain und Alk gemischt

mit juvenilem Zynismus machen das Leben schön.

Albert sehnte sich, wie das bei vielen Männern nach der Midlife-Crisis der Fall ist, zurück nach der guten alten Zeit. Vielleicht war es die Mühe wert, einmal aufzuzeigen, wie die Welt früher war, so vor einem halben Jahrhundert, in jener Zeit, die die jetzige Jugend kaum mehr vom Dritten Reich unterscheiden kann. Er legte den

Bleistift aus der Hand und legte sich schlafen. In der Nacht legten sich Bänder um sein Herz und er rang nach Luft wie ein Sterbender. Ein gutes Zeichen; am nächsten Morgen würde er wie Wiedergeboren sein. Am Nachmittag endlich, nach Kaffee, Brötchen, Morgenzeitung, Stadtbummel und Telefonaten machte er sich an die Arbeit und begann zu schreiben. Dieses Mal nahm der den neuen Laptop zur Hand, installierte ein Diktierprogramm- eine Sekretärin kann sich ein Schriftsteller nur leisten, wenn er gleichzeitig Staatsminister ist- und bemühte sich, dem Computer seine Stimme nahe zu bringen. Der erste Abend war geschenkt. Er brauchte bis in die späte Nacht, um das Programm zu „zähmen". Am nächsten Tag begann das Diktat:

Erstes Leben: Dichtung und Wahrheit

Das Dumme am zweiten Weltkrieg ist, dass er überhaupt stattfand. Ständig stößt man in Europa auf bescheuerte Ausländer, die einem deswegen schneiden. In Split wird man auf offener Straße als „Scheiß-Deutscher" beschimpft, wenn man Krachlederne anzieht.

Dabei ist meine hirschlederne Hose, die mir meine Eltern mit 7 Jahren verpasst hatten – ein Erbstück – sicher unschuldiger an den Massenmorden an Serben als Ustasha der Kroaten.

Aber auch die wollten einmal einen 14- jährigen Jungen ins Gefängnis stecken, weil er sich mit einem 5 – Pfennig – Schein eine Zigarette anzünden wollte, mit dem Abbild des Staatspräsidenten Tito auf der vorderen Seite. Und auf einem Parkplatz in Porec war es einem Kroaten eine Ehre, uns, den blöden Deutschen, den Parkplatz, auf den wir offensichtlich gerade einfahren wollten, weg zu schnappen.

Wir haben uns gerächt und seinem Fiat in der Parklücke um 90 Grad gedreht. Das geht schon bei 6 kräftigen Helfern! Persönlich habe ich nur ein beeindruckendes Beispiel französischen Hasses auf Deutsche erleben müssen. Nachts um 22 Uhr war ich in der Nähe von Marseille mit einem französischen Freund auf dem Heimweg von der Diskothek. Im Dunkel und nicht allzu fern hörte ich das Wort „Bosch", das sich wohl auf das Deutsch bezog, das mein Freund mit mir üben wollte. Zu spät versuchte ich ihn davon zu überzeugen, dass wir es lieber mit Französisch versuchen sollten, schauen hatten wir beide einem Kinnhaken und lagen am Boden. Damals wusste ich noch nicht, dass sich Jugendliche aus Marseille am Samstagabend auf ihre Motorräder schwingen, die Campingplätze in der Nähe aufsuchen und ihren Spaß haben wollen. Was so ein Straßenbau-Facharbeiter, Sanitärlehrling oder Arbeitsloser unter Spaß versteht. Seither habe ich mir die Überzeugung zugelegt, dass Rassismus eine Frage der Intelligenz und nicht der Überzeugung ist. Dass Hitler selbst ein Depp gewesen ist, passt hervorragend zu meinen Beobachtungen. Einmal wollte ich ein paar Hauptschülern nahe bringen, warum Nationalsozialismus nichts Vernünftiges ist. Diese Schüler sind – das verstehen viele Intellektuelle nicht – fasziniert von der Tatsache, dass einer wie sie ein Hitler (= Hüttler), der Name sagt schon alles, zum Führer werden konnte. Will man ihnen diesem Mann madig machen, genügt nicht der Hinweis auf 6 Millionen Juden. Man muss ihnen sagen, wie unendlich dumm dieser Mann war, sich nach der Aufbauarbeit mit einem Gegner wie der Sowjetunion oder den USA anzulegen. Man muss ihnen das Gefühl geben, besser zu sein als Hitler, was sie meistens auch sind. Über Hitler, den Nationalsozialismus und sein Verhältnis zu Frankreich zu schreiben, war eine Notwendigkeit, der sich Albert nicht entziehen konnte, denn sein Leben begann nur sechs Jahre nach dem Ende des Zweiten

Weltkriegs.

Seine Eltern waren ohne nennenswerten Schaden aus den Kriegswirren hervor geschliddert. Eine Sprengbombe hatte nur das Treppenhaus des Elternhauses des Vaters in die Tiefe gerissen. In diesem Haus erlebte Albert seine frühe Kindheit.

Manchmal stellte er sich vor, russische Flieger kämen plötzlich aus den dunklen Tannenwald des Schwarzwaldes hervor und würfen ihre Bomben auf Freiburg. Aber die Russen waren weit weg, Freiburg war französische Besatzungszone und die Kinder der Sergeants und Officiers gingen auf das Lucée Turenne, direkt neben dem altertümlichen Gebäude, in dem Albert seine ersten Schuljahre verbrachte.

Goethe schrieb in Dichtung und Wahrheit ein Erlebnis aus der Zeit, als er so alt wie Albert war. Seine Eltern fanden den Jungen Johann Wolfgang am Küchenfenster sitzen wie er, herzallerliebst, das gesamte Inventar an tönernem Geschirr aus dem Fenster warf. Goethe führt dies im Rückblick darauf zurück, dass er sich am

Klang zerspringender Tontöpfe und Teller erfreut habe. Albert brauchte Jahre, nachdem ihm sein Deutschlehrer die Anekdote übermittelt hatte, um den wahren Sinn des Geschehens zu begreifen. Auch Johann Wolfgang wurde wie Albert von der Geburt eines Bruders überrascht, der bald alle Aufmerksamkeit auf sich zog. Da galt es gegenzusteuern. Mit dem Lärm konnte er das glänzend bewerkstelligen. Albert warf, als sein Bruder Karl gegen Weihnacht zur Welt gekommen war, den gesamten Christbaumschmuck, vor allem die hell klingenden Glaskugeln aus dem dritten Stock. Darin erschöpfen sich jedoch die Ähnlichkeiten in deren Lebensläufen.

Das Leben nach dem Krieg war abenteuerlich und für ein Kind wie ein unentdecktes Eiland. Wenn ein Land bei Null anfängt – als Kind und als Teilnehmer der freien Marktwirtschaft – ist immer alles aufregend. Noch lag vieles in Trümmern – heute würde man diese einen Abenteuerspielplatz nennen. Frankreich war nicht nur durch die Besatzungsmacht immer sehr nahe gewesen. Der Bürgersteig hieß nie anders als trottoir die Pisshäuschen an den Straßen hießen pissoirs und die Mädchen sollten keine visi(t)ma-tente(n) machen.

Die gutgenährten Männer dieser Zeit waren die Schrotthändler. Der später in Vergessenheit geratene Ausruf: „ Lupen, Alteisen, Papier" hatte für Albert etwas Verruchtes an sich. Einmal brach er durch ein ebenerdiges Fensterchen in eine Schrebergartenhütte ein und entwendete einen Hammer und ein Stemmeisen, um es dem Schrotthändler, der unweit am Bahndamm seinen Platz hatte, zu bringen. Doch selbst der Schrotthändler, der schon Jahre später seine Villa mit vergoldeten Wasserhähnen in Littenweiler besaß, war sich der Legalität dieses Geschäftes nicht sicher. „Das hast du doch irgendwo gestohlen?" Normalerweise waren Schrotthändler nach dem Krieg nicht so wählerisch. Freiburg lag voller Trümmer, aus denen man jedoch gleich leicht verformte Eisenrohre ziehen konnte, die sie dann als gebrauchte Ersatzteile teuer verkaufen konnten.

Der besagte Schrotthändler, Schottmüller hieß er, wandte sich bald dem Hochbau zu. In seinem Lager türmten sich Wasserrohre, Siphons, Abflussrohre, Badewannen sowie weiße, grüne und rosa Kacheln. An jeder Straßenkreuzung konnte er Arbeitslose finden, einarmige Plattenleger, kräftige Maurer mit einem Auge, auch ehemalige Parteimitglieder, die sich in Krieg in Schreibstuben warm und gesund gehalten hatten und sich auf Arbeitseinsätze – gleich welcher Arbeiter – verstanden. So wie die Uniformen beim Einmarsch der Alliierten in Senkgruben und Feuern verschwanden, so wollte plötzlich niemand mehr Nazi gewesen sein, höchstens Mitläufer der zweiten Stunde; Persilscheine wurden zu Hunderten problemlos ausgestellt.

Kundschaft für Schottmüller gab es bald genug: Die ersten Mietskasernen sollten bald die Obdachlosen aufnehmen. Sein Geschäftsbereich wuchs, als er mit einen katholischen Pfarrer, den er aus seiner Zeit bei der christlichen Jugend kannte und zehn anderen die CDU gründete. Die neue Partei, die sie christlich – demokratisch nannten, war frei vom üblen Geschmack der Straßenschlachten, der den Sozialdemokraten und den Kommunisten anhaftete. Der Parteivorsitzenden der bayrischen Schwesterpartei, ein Mann namens Franz Josef Strauss, hielt eine bemerkenswerte, rhetorisch geschliffene Rede, in der er die populäre Forderung (Er sollte sich immer auf das verstehen, was populär und gewinnträchtig war!) aufstellte: „ Jedem Deutschen soll die Hand abfallen, der je wieder ein Gewehr in den Hand nimmt!". Ihm fiel sich später nicht ab als er mit der übrigen Prominenz Bayerns auf Jagd ging oder wenn er mit Waffen Geschäfte machte).

Albert hatte nun unglücklicherweise nichts dazu beitragen dürfen, den gewaltigen Bedarf an Eisen nach dem Krieg zu befriedigen, sein gestohlener Hammer war rüde zurückgewiesen worden. Für einen Jungen von vier Jahren war es 1955 noch ziemlich schwer, auf ehrliche Weise zu Geld zu kommen. Weiter unten in der Erwinstraße stand das Gründerzeithaus, in dem die Familie Lejeune im dritten Stock eine Vier-Zimmer-Wohnung bewohnte. Ein Stück weiter unten gab es eine Bäckerei, deren Schaufenster gerade mal zwei Quadratmeter groß war, in dem ein einziges Brot vor sich hin dämmerte, umrahmt von zwei steinharten Brötchen und einer langsam vergilbenden Meringe. Im Verkaufsraum war es dunkel, hinter der Theke etwas mehr Brot, aber auch nicht füllig. Durch einen dunklen Schlund gelangte der mutige Forscher in die Backstube, in dem Mehlstaub in der Luft das Atmen schwer machte, Teigklumpen auf weißem Leinen ausgebreitet lagen und Herr Brandner die ganze Nachbarschaft mit Backwaren versorgte. Brandner, noch nicht versorgt mit modernem Gerät, war immer emsig am Kneten oder Verkaufen. Da ihm selbst die Zeit fehlte, schickte er Albert und die anderen Kinder aus der Dreikönigstraße, die sich ihre Nasen am Schaufenster platt drückten, zu Bahnhof Wiere, um dort mit dem Leiterwagen neue Mehlsäcke abzuholen. Die Arbeit war beschwerlich, aber lohnend, gab es doch für jedes Kind eine Meringe, eine Köstlichkeit im grauen Allerlei von Bohnen, Kartoffeln und Karotten. Herr Brandner wurde übrigens später an der Costa Brava von einen Haifisch aufgefressen, noch ehe seine Söhne so alt waren, seine Nachfolge am Backtrog anzutreten. Fritz, Jürgen und Karl schliefen in einem dreistöckigen Bett und einmal fiel Fritz, der älteste, aus seinem Hochhausbett, ohne eine Prellung zu erleiden. Fritz konnte jedenfalls die Bäckerei noch zehn Jahre halten, bevor sich im Eckhaus, zwei Häuser weiter, ein „Konsum" breit machte, der dieselben, allerdings weniger schmackhaften Brötchen fünf Pfennig billigen anbieten konnte.

Albert geriet derweil in eine Clique von Straßenräubern. Heute würde sicher die Polizei einschreiten, Vorladungen der Eltern wären die Folgen, vielleicht als

Jugendstrafen Putzen im Altersheim, aber das gab es ja auch noch nicht in dem Maße wie heute. Die Clique wurde angeführt vom Sohn eines Installateurs, der ein tüchtiges Tau angeschleppt brachte, so zusagen das Venture-Kapital stellte, wie die heutige Banker-Generation sage würde. Zu sechst spannten sie das unschuldige Seil über die Zasiusstraße und forderten von den Autofahrern fünf Pfennige Wegzoll. Dieses Verfahren, das schon im ausgehenden Mittelalter unter Raubrittern verbreitet war, brachte manche Mark in die Taschen der Jungen, womit sich Träume wie z.B. ein Sigurd-Heft (damals hieß es noch nicht Comic, die Helden hatten noch-Nachwirkung des NS-Staates, deutsche Reckennamen, hießen nicht Perry Rhodan und wurden nicht in Jerry Cotton umgetauft). Die Straßenräuber verkleideten sich, nicht nur um unerkannt zu bleiben, sondern weil Fassnacht war (für Ortsunkundige: Karneval). Die Polizei schritt auch deshalb nicht ein, weil der Verkehr wenig beeinträchtigt wurde. Etwa alle 10 Minuten gurgelte ein VW, eine Isetta oder eine Messerschmidt durch die Straße.

Wenn man aus dem vierten Stock des Mietshauses der Familie Lejeune nach hinten blickte, weidete sich das Auge an einem Carré, umgeben von Mietshäusern, die alle ähnlich prachtvoll gewesen waren, zu der Zeit, als sie mit französischen Reparationsgeldern indirekt finanziert waren, als Frankreich Milliarden Goldstücke als Kriegsschuld an Deutschland zahlen musste, weil es auch einmal einen Krieg verloren hatten. Glückliche Gründerzeit, ohne sie wären die meisten deutschen Städte, die in den letzten 300 Jahren entstanden, öde und gesichtslos. Fensterumrandungen aus Buntsandstein, Fassaden in gelben oder roten Farbtönen, woran sich Efeu rankt und vor denen Magnolien rosa-weiß leuchten, Giebel, Mansarden, Zinnen und Türmchen, die oft an kleine Ritterburgen erinnern.

Der Innenhof hatte etwas Improvisiertes. Schrebergartenhäuschen, kleine Rabatte mit Lauch und Karotten,

Mirabellen und ein Kirschbaum, zwei Spielplätze (die obligate Sandgrube ersetzte Kreativspielzeug aus Plastik, der Kirschbaum den Abenteuer-Adventure-Kletterturm, zwei Holzbretter fungierten als Rutsche, ein Seil die Schaukel).

Irgendwo stand auch ein verlassenes Auto, das nur sonntags ausgefahren wurde. Die Garage war aus Abfallbrettern, immerhin schon mit Dachpappe abgedichtet.

In der Mansarde unter dem Dach, von wo aus Albert den besseren Überblick hatte, sah man auch den Bismarckturm auf dem Schlossberg. Natürlich war es streng verboten, auf das Flachdach zu steigen, so lange, bis die Hitze so unerträglich wurde, dass drei Generationen auf dem Dach herumsprangen und sich gegenseitig mit dem Wasserschlauch bespritzten. Opa Heinrich lag derweilen eine Etage tiefer in seinem Lehnstuhl und redete im Schlaf. Er hatte eine Menge zu erzählen. Mangels Fernseher und Radio lauschte Albert und sein Bruder Karl den Kriegsberichten aus dem Weltkrieg I. Davon hatte Opa einen Granatsplitter im Knie zurückbehalten. Es war schon verwirrend, diese ständigen Kriege mit dem „Erbfeind". Um der Kinder willen sollte zwischen den einzelnen mörderischen Einfällen ins Nachbarland immer eine Pause von sagen wir 50 Jahren liegen, bei Weltkriegen sogar 100 Jahren, eine Vereinbarung, die die Deutschen eindeutig unterschritten hatten. Im Jahr 2000 wussten dann wenigstens die meisten 15-Jährigen, dass der letzte Weltkrieg die Nummer 2 trug, dass der Erbfeind diesmal nicht Frankreich hieß und überhaupt war es ziemlich schwierig geworden, überhaupt einen Feind zu finden, nicht einmal einen inneren. Der Job eines Verteidigungs-minister war unheimlich stressig wegen der ständigen Etatkürzungen. Albert sollte einmal ein Buch über SYSTEMISCHE THEORIE schrieben, das erklären sollte, warum sich Menschen streiten und dass keiner so recht schuld daran ist, aber das war viel später. Also damals, als Albert sich nass unter der Sonne Freiburgs aalte, war es einfacher. Opa Heinrich rief im Schlaf „Das ist für dich, du Scheiß-Franzos", und das war wenigstens eindeutig und kindgerecht. Opa hob den Arm, als habe er immer noch das Bajonett in der Hand. Die Sonne verschob ihr Spektrum ins rotgoldene, ein warmes Licht breitete sich über die Gründerzeithäuser und Opa legte den Arm zurück auf die Lehne. Damals gab es einen Stil, den manche später nostalgisch als den Stil der 50-er Jahre bezeichneten. Der Sessellehre ragte hölzern und an einen Knochen gemahnend aus dem schwarz-rot-goldenen Muster des Bezugs. Die ekligen Rundungen sollten im Lauf der nächsten 50 Jahre durch den nüchternen Bauhausstil, dann durch Rustikales in Mahagoni, dieser wieder durch schlichtes Kieferholzmöbel (strapazierfähig und billig), schließlich durch geflechstes Blech plus Holzimitat ersetzt werden. So cool war es damals noch nicht.

Trotzdem, Alberts frühe Jugend war keine Idylle aus Krämerläden und Milchläden, an denen man aus der Schöpfkelle kühle Milch in eine Blechkanne abgefüllt bekam- und das MITTEN in der Stadt. Die Freiheit, in der die Jugend auf der Straße lebte, war auch eine Form des Allein-Gelassen-Werdens.

Das größte Zimmer in der 4-Zimmer-Wohnung der Familie Lejeune wurde durch eine dünne, hübsch grau bepinselte Sperrholzwand in zwei ungleiche Teile getrennt: Eine kleine Kammer diente als Schlafzimmer der beiden Jungen, den größere Raum füllte der Salon „Lilly". Salon Lilly stand auch unter an der Klingel neben dem Familienname. Für ein Emaille-Schild fehlte das Geld, war auch nicht nötig denn die Reklame fand von Mund zu Mund statt, Zeitung war witzlos und die Kunden zahlungskräftig oder eben keine Kunden. Kinder wurden mit der Schere auf „Facon" getrimmt, das reichte für die normalen Familien. Den Luxus einer Frisur, einer Tönung oder irgendwelcher Wellen („Mädchen mach dir Locken, sonst bleibst hocken") konnten sich nur wenige leisten. Die Arbeit von Mutter Gerda und ihrer drei Lehrlinge war wirtschaftlich ein Renner, denn damals blieben die Mädchen leicht sitzen wegen der kriegsbedingten Männermangels, den die US-GIs und die Sergeants auch nicht ausgleichen konnten. Die Wohnung roch nach Sauerstoffbleiche, synthetischen Färbemittel, ein Geruch von Schweiß und warmer, feuchter Luft durchzog nicht nur das Kinderzimmer. Die Gebläse der Haartrockner erreichte Düsenjet -Ohropax-Niveau und der Geräuschpegel des Wartezimmers ähnelte dem einer militärischen Kommandozentrale während eines bevorstehenden Gegenangriffs. Albert liebte dennoch das nur durch das Klappern der Scheren unterbrochene Zwiegespräch zwischen Coiffeusen und Kundinnen: „Sagen Sie, Christina, sie hatten doch letzte Woche noch diese Zeitschrift mit Harry Belafonte auf dem Titelblatt. Die habe ich gar nicht mehr gefunden!". „Ach, ich glaube die hat sich Tina ausgeliehen. Ich frag' mal nach. Du, Tina (ohrenbetäubendes Interferenz-geräusch aus dem Fön), hast du das Heft mit Harry Belafonte gesehen?". Tina zurück:

„Wie bitte, ich kann dich nicht verstehen". Christina winkt ab." Ich frage sie später noch einmal. Haben Sie übrigens die Reportage über die Flüchtlingskinder gelesen?" „Ja, schrecklich, nicht war. Was man der deutschen Bevölkerung alles zumutet. Nun ja, wir sind eben die Verlierer. Mit uns kann man es halt machen." „Da haben Sie mal wieder Recht." Was macht übrigens ihre Tochter, die wollte doch......usw." Selbst am Abend, wenn die Räume gelüftet wurden und Stille eintrat, schienen die Geräuschen noch im Raum nachzuhallen. „Faconschnitt", „vielleicht etwas kürzer an den Schläfen".

Während das Wasser für das Waschen aus der Küche geholt wurde, in der ein Kohleherd ständig in Gang gehalten wurde, warf Albert einen verstohlenen Blick um die Milchglasscheibe, auf die in Plastikschürzen vermummten Frauen. Es war die Zeit vor Weihnachten. An dem dreibeinigen Garderobenständer hing eine Fuchsstola, deren Verschluss der Fuchskopf bildete. Die Glasaugen des ausgestopften Tieres blickten treuherzig auf Albert hinunter. Als Tina mit dem Wasser aus der Küche kam, wäre sie fast über den Jungen gestolpert: „Albert, geh nach oben und ruhe dich aus!", rief die Chefin ihm zu. Er gehorchte sofort, denn Widerreden wurden mit Stockschlägen geahndet. Also stieg Albert die dreißig Stufen nach oben, zur Mansardenwohnung der Großeltern. Wäre es Sommer gewesen, hätte die Mutter ihn nach „DRAUSSEN" geschickt, nicht ohne ihn an warme Kleidung zu erinnern. Frische Luft sollte er schnappen, damit sie ungestört im Salon Lilly arbeiten konnten oder sich ausruhen bei den Großeltern, aus demselben Grund. Zur täglichen Mittagsruhe im Ehebett der Großeltern gebettet fand Albert zwar keine Ruhe, wurde aber auch nie krank. Die Betten waberten in eine Fülle von Über- und Unterkissen, Spanntüchern und Daunenbetttüchern, liebevoll bestickt mit althergebrachten Sinnsprüchen „Üb immer Treu und Redlichkeit" oder „Heinrich & Lina". Erst viel später, als Albert Beamter geworden war, erkannte er den pädagogischen Tiefsinn des stundenlangen, sinnlosen Verharrens in einer Position ohne eigenständige Gedanken äußern zu dürfen.

Gerda Lejeune hatte es nicht leicht mit ihrem Söhnchen. Erst verlangte er ständig nach der Milchflasche, später erwischte sie ihn auf der Suche nach etwas Essbarem, vornehmlich ZWISCHEN den Mahlzeiten, was ja nun wieder fürchterlich ungesund war. Er litt ständig an Unterzuckerung. Brandners Meringen waren eindeutig zu wenig. Er untersuchte Schränke und Schubladen nach Schokolade, Marmelade, Lackritz, Pralinen, Minzbonbons oder sauren Drops. Leider wurde er oft fündig, was sich negativ auf den bakteriellen Status seiner Milchzähne auswirkte. Auch die frisch frisierten Frauen blieben nicht ungeschoren. Albert schickte zu diesem Behufe seinen charmanten, hübschen Bruder Karl vor. Mal gab es ein Bonbon, dann wieder eine Schokolinse, manchmal sogar Geleebohnen und andere Bonbons. Sie waren zwar schlecht für die Zähne, aber gut für Albert Zuckerspiegel. An Geburtstagen betrug die

Halbwertszeit einer Tafel Schokolade fünf Minuten: Drei Tafeln „Alpenmilch" auf einmal war für den Zuckerfresser kein Problem. Was übrig blieb, war eine Reststrahlung auf Alberts Gesicht. Nach zwei Jahren waren allerdings alle Zähne derart kariös, dass eine Zahnklinik einen Komplettaustausch des Milchgebisses durchführen musste. Für die Heldentat, die Lachgasnarkose verbunden mit dem Ziehen SÄMTLICHER Zähne zu ertragen, gab es für Albert einen kleinen Plastiklöffel, während sich die Kieferchirurgen in den kommenden 10 Jahren eine goldene Nase verdienten, die nun völlig chaotisch nachwachsenden bleibenden Zähne wieder in Reih und Glied zu bringen. Für medizinische Experimente wurden Probanten eben damals noch nicht in harter Währung bezahlt. Wissenschaftliche Lehrmeinungen wechsel-ten leider häufiger als der Bezug auf Opa Horsts Schlafsessel. Der war nämlich fadenscheinig geworden durch die heftigen Bewegungen während der REM-Phase. Die Stoffbespannung passte sich den Launen der Mode an, wurde schwarz mit roten Punkten. Auch die Besitzerin des Salon Lilly schob Möbel durch die Zimmer um den Eindruck eines Wechsels, einer Erneuerung zu erzeugen, der real nicht möglich war, so lange sich der Vater in der Ausbildung zum Betriebswirt befand. Eine Rückkehr in den geheiligten Stand der Mutter ohne berufliche Pflichten stand nicht zur Diskussion. Tante Agnes musste ausbezahlt werden, die Rechnungen für das erneuerte Treppenhaus (Volltreffer mit Brandbombe), der Lastenausgleich für die VERTRIEBENEN und sonstige Kriegsschäden mussten bezahlt werden. So lange würde es den Salon noch geben und so lange würden noch Möbel durch die Wohnung kutschiert werden. Dafür wurde auch ein Zimmer abgetrennt und separat vermietet. Das ständige Verrücken der Truhen und Kommoden erschwerte zwar Alberts Suche nach Süßigkeiten, forderte andererseits seinen Orientierungssinn heraus, so dass sich langfristig positive Entwicklungen anbahnten. Als er als

Student einmal die Taxifahrerprüfung ablegen musste, hatte er nur geringe Probleme, sich in Stadtplänen und deren realen Abbildern zu Recht zu finden. Eltern wissen oft nicht, dass sie mit scheinbar sinnlosen Aufträgen und Tätigkeiten doch Meilensteine in der kindlichen kognitiven Entwicklung setzen.

Alberts Vater Franz waren die Essgewohnheiten seines Sohnes ein Gräuel. Ständig stellte er ihm eine „Darmverschlingung" in Aussicht, die ihn eines Tages ereilen sollte. Kinder sind ja sehr empfänglich für derartigen Blödsinn. Albert stellte sich einen Knoten vor, der sich aus dem meterlangen Dünndarm bilde. Aber selbst damals war ihm nicht ganz klar, wie ohne äußeren Eingriff ein KNOTEN entstehen könne. Immerhin fand er die Vorstellung abschreckend, dass sich vor dem vermeintlichen Knoten plötzlich alle Bonbons und Meringen stauen sollten, womöglich darüber diskutieren würden, warum es plötzlich nicht weiterging. Mutter Lejeune machte sich ganz andere Sorgen.

Die Kundinnen beklagten sich, wenn der Junge allzu häufig im Salon herumlief, Fragen stellte und erzählte, was er lieber für sich hätte behalten sollen. Ein Friseursalon ist schließlich eine soziale Organisation, bei der die Interaktion zwischen Sender (Kundin) und Empfänger (Friseuse) dadurch festgelegt wird, dass der Sender auf den Empfänger einreden darf und der Empfänger emphatisch verstärkt: „Ja, ja, so, so, hab ich auch schon gehört, Was sie nicht sagen, Da bin ich ganz ihrer Meinung, Aber ja doch....). Kinder sind dabei ein Störfaktor, die den Beziehungssaspekt (Du hörst bitte schön zu, denn ich zahle!) durch das Einfordern kostenloser Zuwendung (Mama, schau, was ich gemalt habe!) unterlaufen. Diese hochkomplexen Zusammenhänge aus der Watzlawick'schen Kommunikationstheorie waren für Albert ganz einfach und verständlich. Auch wenn er die Begriffe dafür längst nicht kannte. Vielleicht ist ein Kinderzimmer neben einem Friseursalon eine günstige Startbedingung für einen künftigen Linguisten, äh,

Sprachwissenschaftler. Immerhin konnte Albert schon dekodieren, was Mutter wirklich meinte, wenn sie ihn zum Luftschnappen oder zum Ausruhen schickte. (Le signe linguistique est arbitraire!). Seine erstaunlichen künftigen Fertigkeiten kündigten sich damals lediglich durch ständiges Geplapper an, so dass die Eltern ständig nach der STOPP-Taste suchten. Dabei war Albert sehr fügsam im Gegensatz zu seinem Bruder Karl, der sich weigerte, bei Nonnen in den Kindergarten zu gehen. Er war der zweitgeborene, das Nesthäkchen, der Charmeur und schwarzhaarige Beau, dem die frisierten Kundinnen hinterher schauten und später die häufig wechselnden Freundinnen. Bei dieser Gelegenheit wird es Zeit, auf Alberts Äußeres einzugehen. Er war, um es kurz zu machen, keine Schönheit, sein Haare glatt und braun, sein Gesicht birnenförmig (beschönigend stand „oval" im Pass), seine Nase krumm und seine Stirn schon in früher Jugend von nachdenklichen Falten gezeichnet. Der Körper leptosom und unsportlich, man kann auch sagen dünn und wenig männlich. So wenig er dafür konnte, kannte sein Bruder etwas für sein Erbteil an gutem Aussehen. Dafür konnte Albert wieder einigermaßen lesbar schreiben, was Karl bis zum Abitur nicht schaffte. Später versuchte Karl seiner inneren Unruhe, für die er ebenso wenig etwas konnte, durch Haschisch etwas zu kontrollieren. Der individuelle Schuldbegriff des deutschen Strafrechts erschien Albert schon immer etwas fragwürdig. Als er eingeschult wurde, verstand er auch nicht, weshalb sie ihn ständig verprügeln wollten, wo er doch gänzlich schuldlos an ihren Aggressionen war. Die Beweggründe, weshalb sie ihm an einem moosigen Brunnen hinter dem Lycée Turenne auflauerten, waren ihm ein schmerzhaftes Rätsel. Vielleicht weil er nie auf die Idee kam, sich zu prügeln, war er als Opferlamm eine Idealbesetzung. Auch die Eltern waren keine Draufgänger. „Warum spielst du denn IMMER mit diesen Kindern?" heischte ihn die Mutter an. „ Ich spiele nicht mit ihnen, sie verklopfen mich nur." „Wer sind denn diese Jungen?", fragte der Vater weiter. Die Frage war völlig an dem Problem vorbei, das wusste Albert. Vater wäre nie zu den Eltern dieser Deppen gegangen, um sich über das Verhalten ihrer üblen Brut zu beklagen. Jeder wusste, dass diese Kinder aus den Sozialwohnungen gegenüber der Emil-Thoma-Schule kamen. „Geh ihnen EINFACH aus dem Weg", empfahlen abschließend die Eltern. So wurde Albert zum Spaziergänger, zum „promeneur solitaire". Es machte ihm sogar Spass, immer ausgedehntere und ständig wechselnde Touren durch Freiburg zu unternehmen. Durch den Kirchgarten von Maria Hilf mit dessen ausladenden Mammutbäumen, oder an der Schwarzwaldstraße entlang über den Spielplatz am Springbrunnen vorbei, an dem sich etliche Jahre später einige Kinder eine Kinderlähmung zuzogen. Oder durch die Franzosensiedlung mit einem Schlenker über die Dreisam. Manchmal über die Bahngleise am Wandsaum entlang und am „Deichle-Weiher" vorbei, zurück über die stählerne Bahnbrücke, an der das Schild hing „Vorsicht Hochspannung, Lebensgefahr. Nicht auf die Geleise pinkeln". Da ihm die Rabauken, die ihm auflauerten, schon gefährlich genug erschienen, pinkelte Albert natürlich nicht. So kam es, dass Albert sich angewöhnte, Dinge – wie seinen Schulweg – aus verschiedenen Blickwinkeln zu sehen, Gefahren vorauszusehen (was ihn leider zum Hypochonder machte), Alternativen zu erdenken. Vor allem nahm sein Gehirn die Gewohnheit an, Probleme IM GEHEN zu lösen. Als Albert in die Schule kam, sollte dies zu Schwierigkeiten führen, weil die laufende Schule noch nicht erfunden war.

1957 hatte das Bundesverfassungsgericht die Prügelstrafe in der Schule verboten, doch wie alle Entscheidungen des BVGs brauchte es lange, bis sie in die Tat bzw. Untat umgesetzt wurden. Albert Lejeune kam leider nicht mehr in den Genuss der Neuregelung. Er hatte wohl gelernt, durch weite Umwege der Gefahr einer Prügelei aus dem Weg zu gehen, aber dann tauchte der Feind in anderer Verkleidung wieder auf. Er hieß Laule und führte die zweite Schulklasse als Lehrer an. Unter dem Schulgebäude der Thoma-Schule, gewidmet dem Schwarzwälder Naturalisten Thoma, befand sich damals ein „Volksbad". Diesen geheimnisumwitterten Ort freilich lernte Albert nie kennen, denn zu Hause hatten die Eltern Badewanne mit Kohleofenheizung. Das VOLK, also irgendetwas Großes, Vielköpfiges, Grobes ging jedoch immer ins Volksbad, so stellte er es jedenfalls vor. Da Albert jedoch nie jemanden zur Schulzeit in dieses Bad gehen sah, hatte er auch in späteren Jahren Probleme mit dem Begriff „VOLK". „Vom deutschen Volke Schaden abwenden" war ihm ebenso unverständlich wie die „Volkstümliche Hitparade" oder der „Volksvertreter". Wie hätte er, behaftet mit dem Gütesiegel der späten Geburt, verstehen können, was ein „Völkischer Beobachter" erblickte oder was „Volksgenossen" dachten.

In der Klasse von Herrn Laule herrschte jedenfalls nicht das Volk und auch nicht das Bundesverfassungsgericht oder das Grundgesetz, das es schon seit 1949 gab, in dem es wiederum schwer übersetzbare Begriffe wie „Würde", „unantastbar", „körperliche Unversehrtheit" vorkamen. Wäre Albert einige Jahre älter gewesen als acht, hätte er Laule nicht vorgehalten, dass er seine Würde verletze oder das Verfassungsgericht missachte, sondern hätte ihm an einem nebligen Herbsttag aufgelauert und ihn grün und blau geschlagen, ganz alttestamentarisch.

Denn genau das tat Laule mit den Schülern, nur dass er ihnen nicht auflauern musste, sondern dass sie zu ihm kommen mussten, notfalls von der Polizei vorgeführt. Einer der Schüler, sein Name tut nichts zur Sache, kostete die Schule jede Woche fünf Mark, denn so viel kosteten die hübschen Bambusrohre, die Laule auf dessen Rücken und Po hieb, bis er zerbrach. Die Schule war zu recht entzürnt über diesen nichtsnutzigen Schüler, der so häufig der Schule den

Rücken kehrte. Auch Albert wurde vielfach verprügelt auf Fingerspitzen, Gesäß und Rücken. Seine Eltern glaubten ihm seine Berichte aus der Schule nicht oder wollten sie einfach nicht glauben. Erst als er einmal mit einen grün und blau gegerbten Rücken nach Hause kam, Striemen vorzuzeigen hatte, die er sich nicht selbst beigefügt haben konnte, beschwerten sie sich und ab diesem Zeitpunkt prügelte Laule etwas unauffälliger weiter. Dass die Motivation des Schülers A. unter Lehrer L. nicht völlig zusammenbrach, grenzt an ein Wunder.

Im Oberland

Allzu vieles, so scheint es dem erwachsenen Lejeune, fällt in den Orkus des Vergessens. Hiroschima wurde vergessen, der Ausspruch des jungen F.J. Strauss über das Waffentragen, vergessen wurde auch, dass in der Geschichte Russland oft der Freund gewesen war. Im Lauf der fünfziger Jahre, verbunden mit dem Aufstieg der Partei, die der Schrotthändler Schottmüller mit gegründet hatte und der alsbald auch Lejeunes Vater Franz beitreten würde (Mitgliedsnummer 13 im neu gegründeten Bundesland Baden-Württemberg), wurde aus den deutschen Nachbarn kommunistische Feinde, mit denen man laut „Hallstein-Doktrin" nicht einmal reden durfte, denn in der Diktion des Kanzlers Adenauer, war die DDR nicht nur ein Unrechtsstaat, nein er existierte eigentlich nicht. Keine Hand fiel ab, als die Westdeutschen sich wieder bewaffnen durften, als aus dem Erzfeind Frankreich offiziell ein Verbündeter in der NATO wurde. Charles de Gaulle, Befreier Frankreichs nach der deutschen Niederlage und Konrad Adenauer besiegelten die Freundschaft.

Die andere Hälfte Deutschlands, die bald hinter Stacheldraht und Mauer verschwunden war, wurde tabuisiert. Neben den Radiobaukästen von Grundig gab es noch andere geschäftstüchtige Menschen, die nach der Währungsreform (auf gut deutsch „Enteignung") von Reichsmark zu

Deutschen Mark in den Startlöchern standen. 1954 war es schon kein Problem mehr, neue Christbaumkugeln zu bekommen: Überall waren Waren gehortet worden, bis es sich LOHNTE, sie in nunmehr fester Währung zu verkaufen. Auch der kleine Mann musste sich nach dem Krieg durchschlagen mit Zigaretten- und Lebensmittelschmuggel.

Schwarzhandel war die damalige Marktwirtschaft. Als Laule zehn Stöcke zerlegt hatte, war Vater mit der Ausbildung fertig und die Familie zog weg nach Bruchhausen, einem kleinen Nest in der Nähe von Karlsruhe. Vater arbeitete als Verwaltungsleiter und war noch weniger präsent als bisher. Schulisch ging es jetzt aufwärts. Statt Tatzen gab es jetzt alternativ Strafarbeiten. Wahlweise 2 Tatzen oder 4 Seiten abschreiben. Noch gab es jedoch die Recken vom alten Schlag. Lehrer Schönfeld z.B. hatte ein Faible für Rituale. Er hob die Hand und forderte den straffälligen Schüler auf: „Immer der Gefahr ins Auge!" und schlug ihm dann, welch eine Überraschung, jedes Mal mit der anderen, unsichtbaren Hand flach ins Gesicht. So lernte Albert den Blick nach allen Seiten offen zu halten. Albert entschied sich jedoch meistens für die vier Seiten Strafarbeit, wodurch es sich ein gespreiztes Schriftbild angewöhnte. Ein anderer Lehrer, einer, den man mangels Masse nach dem Krieg in Dienst genommen hatte, watschelte mit seitlich gesenktem Kopf durch die gelbgestrichenen Gänge der Schule, trug jahrelang denselben Schlips, Anzug und roch entsprechend. Er wohnte nicht nur in einem DENKMAL-GESCHÜTZten Haus. Albert war dessen beherzte Art, Literaturpassagen zu zergliedern, schon bald zur Plage geworden, so dass er sich diese Passagen durch Erfinden neuer COVER für die Reclam-Büchlein verkürzte. Ein Mal schlug Albert sogar die Frankfurter Rundschau während des Unterrichts auf, um seine Zeit sinnvoller zu nutzen. Das war denn diesem Lehrer doch zu viel und er verwies ihn des Klassenzimmers, woraufhin Albert fragte, ob er wenigstens die Zeitung mitnehmen dürfe. Aber schon vor dieser rebellischen Großtat war Alberts Schicksal besiegelt. Lehrer S. schrieb ihm ständig die Note „4" unter die Aufsätze, selbst wenn diese von heimlich von befreundeten Deutschlehrern geschrie-ben worden waren und unterstrich angebliche AUSDRUCKsfehler, auch wenn der Duden sie als richtig attestierte. Nicht viel besser erging es Albert in Rechnen was inzwischen Algebra oder Geometrie hieß, wo er immer als erster wusste, wie man eine Lösung finden konnte, sich aber ständig auf dem Weg in unnötigen Sackgassen verlief. Als große Hilfe erwies sich ein treuer Klassenkamerad, der nie wusste, wie etwas rechnen, der sich dafür aber nicht verrechnete. Hätte es damals schon Gruppenarbeiten gegeben, wären sie das unschlagbare Team gewesen.

Auch die langen Spaziergänge blieben, einsam mit seinem Spaniel durchstreifte er Weinberge, Schrebergärtenwege und die Altstadt, löste dabei in Gedanken binomische Formeln und formulierte Aufsätze aus, rezitierte französische

Vokabeln oder dachte über Gott und die Welt nach, übrigens sein Lieblingsthema. Dies war nicht nur eine ausfüllende Beschäftigung für einen pubertierenden Gymnasiasten mit wenig Chancen beim weiblichen Geschlecht, es machte ihn auch zum brauchbaren advocatus diaboli des katholischen Religionslehrers, genannt Fips. Woher der Spitzname kam, war nicht bekannt, die Namensschöpfung lag zu lange zurück. Jedenfalls hatte Fips nicht die körperliche Wendigkeit eines Affen noch hätte ihm seine Leibesfülle eine solche erlaubt. Trotz häufiger Atemnot war er bered und gerne zu einer theologischen Diskussion bereit, womit sich Religionsstunden mühelos füllen ließen. Während anpassungsfähige Klassenkameraden unter oder auf ihrer Bank die Hausaufgaben erledigten, übte sich Albert in Rhetorik am lebenden Objekt. Unglückliche Nebenwirkung: Fips lohnte ihm seine Rolle nicht, sondern gab ihm eine „3", während die Hausaufgabenmacher eine „2" bekamen. Der Mathelehrer der ersten Schuljahre erzählte immer Witze, saß dabei auf der vordersten Schülerbank und spuckte dabei seinen Sabber in die Landschaft oder zuweilen – ohne strafwürdigen Vorsatz – in die Gesichter der Schüler/innen. Später hatten sie einen „Freak", dessen Art Albert ungeheuer sympathisch war. Er fuhr mit einem rostigen VW-Bus in die Schule, parkte ihn zwischen den frischgewaschenen Ford Taunus und VWs der Kollegen und erzählte seine Theorien über die Nato und sonstige belangreiche Themen en passant zwischen seinen Tafelanschrieben. Ihm waren die Gesichter der Schüler egal, er arbeitete nicht für sein EGO, sondern für Geld und er freute sich wirklich, wenn jemand mitarbeitete. Albert blühte auf, denn das war ihm noch nie passiert und er verbesserte sich um zwei Noten . Er vergab, auch das war neu, Punkte für Rechenschritte, so dass Albert auch noch punktete, wenn er sich wieder einmal verrechnet hatte. Auch in Physik war Nagel, so hieß der Lehrer, ein As. Er führte sämtliche Versuche wenn nötig aus dem Stegreif aus. Vielleicht wäre in der Oberstufe Deutsch und Geschichte Alberts Lieblingsfach geworden, doch der Denkmalgeschützte war immer noch sein Fachlehrer und tötete jedes Engagement mit tiefen Zynismus ab. Er hatte sich die Taktik zugelegt, Albert nie aufzurufen, wenn dieser sich meldete, immer dann aber unerbittlich abzufragen, wenn der Finger unten blieb. Es dauerte geraume Zeit, bis Albert erkannte, dass er nur den Finger UNTEN lassen musste, wenn er etwas wusste. Pluspunkte kamen aber auch dabei nie heraus.

Als Albert schließlich die REIFEprüfung ablegte, war er so deformiert, dass er nicht einmal mehr erahnte, was er einmal werden wollte.

Zweites Leben: Lehrjahre des Herzens

Ein Zigeuner verkaufte ihm in St. Marie de la Mer eine Gitarre. Den Text der Postkarten an die Eltern diktierten sich die Jugendlichen über die Tische hinweg gegenseitig. „Liebe Eltern, mir geht es gut. Die Sonne scheint. Wir haben schon viel gebadet (gelogen, es war saukalt). Viele Grüße euer...". Zum Schluss stand dieser Text auf 20 Postkarten an ebenso viele Elternpaare zu Hause in Deutschland. Die Gitarre war etwas Besonderes, na ja, jeder wollte eine haben, seit die Beatles auf ihren Klampfen aufspielten. Sie waren der Inbegriff der Rebellion mit ihren langen Haaren und dieser wilden Musik, die sich so anders anhörte wie die Schnulzen, die sich die Eltern nach dem Krieg hineinzogen. Außerdem verstand man den Text nicht, was der ganzen Sache ein abenteuerliches Flair gab.

Mutter Lejeune hatte den Salon „Lilly" aufgegeben, umso eifriger war sie um die ERZIEHUNG ihrer Kinder bemüht. Gitarre war etwas aus der Wandervogelbewegung, etwas was einmal auch bei Gerda Lejeune zum Selbstbild gehört hatte. Nun war der Vater aber Verwaltungsleiter einer Behörde geworden und die Familie strebte danach, vergangenen Ruhm der Familie Leujeune wieder heimzuholen. Die Familie hatte vor dem Schwarzen Freitag zum Großbürgertum gehört, nun versuchte Gerda ihrem Sohn die proletarischen Flausen der Jungs aus Liverpool auszutreiben. Erstens war die Musik sowieso GAGA, zweitens laut und drittens spielt man in bürgerlichen Kreisen Klavier. Albert bespielte also auch das schwarzgelackte Klavier im Keller: Einer seiner Songs, die noch mit 50 der Entdeckung harren, ging so:

„The times of past have disappeared
with soreness in my head.
Of friends, that I had yesterday
I hardly know thy names.

Oh Lord, would you stop the time
one day
'cause I won't go marching on."

Dazu eine ebenso schaurig-schöne Kadenz in G-Moll. Die Mutter nahm diesen Ausbund musikalischer Begabung zum Anlass, ihn zwecks weiterer Bildung zu einer Klavierlehrerin zu schicken, der er nach sechs Monaten fast den Klavierdeckel auf die Hände geknallt hätte. Sie war so etwas wie Lehrer Sauer am Klavier oder wie Chopin mit fortgeschrittener Demenz: langweilig, zäh und kleinkariert. Danach fasste Albert zehn Jahre lang kein Klavier mehr an, selbst als John Lennon sich daran versuchte. Stattdessen wurde der Kellerraum mit Dämmstoffplatten umgerüstet zum Proberaum. Es war eine schöne Zeit. Mit drei Gitarrengriffen konnte man schon eine Rockband gründen. Mehr noch: Es gab sogar junge Menschen, die zuhören wollten, wenn es nicht gerade Geld kostete. Aber meistens war sowieso alles „Umsonst und Draußen". Einmal hatte sich Rory Gallagher, Gott sei seiner Leber gnädig, nach Ettlingen verirrt und steckte im Stau. Prompt durfte auch Albert und seine Band als Vorgruppe die Zuschauer eine halbe Stunde in ihren Bann schlagen. Man applaudierte, auch wenn ab und an ein Moll-Akkord sich sträflicherweise in das Arrangement in Dur eingeschlichen hatte. Vor lauter Gitarrenlärm, 4/4-Takt und Bassgebrüll merkte das niemand. Der Saal tobte vor Begeisterung.

Nur wenn die Bierflaschen und Joints kreisten, blieb Albert außen vor. Hätte sich sonst seine Unsicherheit bemerkbar gemacht, mit einer E-Gitarre und 2 Tonabnehmern vor dem Bauch war er nicht mehr nackt. Die Gitarre wurde zu seinem alter ego, die Gefühle, meistens in A-Moll so herrlich ausdrücken konnte, wie er es nie gewagt hätte, vor allem nicht vor Mädchen. Die Gespräche zwischen den Menschen kamen ihm vor wie Theaterstücke und er war ständig in Angst, den Text zu vergessen. Wurde etwas gesagt, so dachte er fieberhaft an ein geistreiches Bonmot, mit dem er sich ins Spiel hätte bringen können, bis er es dann hatte, war das Gespräch jedoch schon wieder bei einem anderen Thema angelangt. Wenn er endlich eine Chance zu reden gefunden hatte, war er dauernd in Furcht, ihm könne der Text ausgehen. Stille machte ihm Angst. Sein Bruder Karl war ein anderer Typ, von der Sorte, auf den die Mädchen flogen, frech, schwarzhaarig und voll in der Haschischszene verankert. Albert machte immer noch seine langen Spaziergänge und Yoga-Übungen. Aber das machte ihn auch nicht gesprächiger. Die gelegentlichen Diskobekanntschaften litten darunter. Seine große Liebe hieß Annerose. Beide konnten stundenlang händchenhaltend spazieren gehen und über Gott und die Welt reden (das konnte Albert ja!), aber nie kamen sie sich körperlich näher. Sie waren ein Herz und eine Seele, aber nie ein Körper. Sie weinte, als sie ihm schließlich Jahre später erlaubte – er wollte eben auch einmal erfahren, wie das ist -, mit ihr zu schlafen. Sie kam sich sündig vor und er weinte auch, weil sein Penis in der trockenen Scheide eingeklemmt war. Es war überhaupt eine klemmige Beziehung, aber immerhin eine. Anne warf sich zwanzig Jahre später im religiösen Wahn unter einen Zug, Albert versuchte mit 19 erfolglos, sich mit Tabletten umzubringen. Es war peinlich. Er taumelte durch Heidelberg, purzelte von einem kleinen Aussichtsturm, auf dem er die Tabletten eingenommen hatte in die Brombeerbüsche und musste sich noch die dummen Sprüche der Polizisten anhören, die ihn aufgriffen. Die Bücher, die er in einem Köfferchen mit sich führte z.B. Fromms „Die Kunst des Liebens" motivierte die aufmerksamen Wachmänner zu Sprüchen wie: „Ja, das kennen wir. Sex und Drogen". Wenn wenigstens das mit dem Sex gestimmt hätte! Nachdem man ihm im Krankenhaus den Magen ausgepumpt hatte, beschloss er, nie im Leben wieder Schlaftabletten zu nehmen und niemals freiwillig mit einem Polizisten zu reden. Die Geschichte hatte aber noch eine positive Seite. Albert kam in eine PSYCHOsomatische Klinik. Dort lernte er erstens bei einem jungen Psychologen

Autogenes Training, zweitens bei einem Psychiater die psychiatrische Weltsicht: „Wie kann man sich wegen einer Frau umbringen; es gibt doch 3 Milliarden auf der Erde"(Zitat Ende) und drittens bei einer Mitpatientin Oralsex. Er durfte eine Weile nicht aus der Klinik wegen Suizidgefahr und kletterte dafür eine Etage tiefer zu Dagmar, die ihn erst einmal duschte und dann oral befriedigte. Es war eine schöne Zeit. Morgens gab es Frühsport und Brötchen zum Frühstück, tagsüber erzählte man sich in der Gruppentherapie, was man alles so erlebt hatte (und endlich hörte jemand zu!) abends lag man in Großgruppen auf den Zimmern, hörte Eric Clapton und rauchte Joints, natürlich nur auf dem Balkon (Albert rauchte natürlich nicht!). Außerdem gab es noch die EA (Emotional Anonymous)-Meetings. Das war die Nachbetreuung nach dem Klinikaufenthalt. Jeder gab zu, übersensibel zu sein, man erzählte sich gute und schlechte Erlebnisse und umarmte sich bei jeder passenden Gelegenheit. „Each of us neads four hugs a day" ist ein Spruch, den sich Albert auch heute noch ins Zimmer hängen würde. Therapieentscheidend war jedoch die Vorgabe des Therapeutenteams, dass er eine Ausbildung beginnen müsse und nicht mehr zu Hause leben dürfe. Albert entschied sich gegen den naheliegenden Dienst an der Waffe, bei dem er eine Ausbildung zum Töten erhalten und nicht zu Hause gewohnt hätte und arbeitete lieber als Zivi im Krankenhaus. In der psychosomatischen Klinik war bei ihm im Zimmer ein älterer Alkoholiker gelegen, der im Krieg einen Flammenwerfer gefahren hatte. Die Beschreibungen der verkohlten Körper wildfremder Menschen, die dieses Fahrzeug hinterließ, hinterließ bei Albert einen Ekel gegen jede Art von Militär. Viele Jahre später unterrichtete er Zivis in ihrer Grundausbildung und sah dabei erstmals den Film „Dann werden sie schon schießen". Er war entsetzt über das sinnlose Gehorsamsprinzip, das auch 30 Jahre nach dem Krieg bei der Bundeswehr ungebrochen weiter herrschte. Jedenfalls gab es im Krankenhaus andere Dinge zu lernen als beim BUND. Zum Beispiel lernte er den Griesbrei mit Obst zu lieben, den die Frischoperierten so häufig verachteten. Auch was eine Stenose ist, durfte er praktisch erfahren. Ein Patient in seinem Alter hatte Albert versprochen, ihm nach einer Operation der Femoralis-Arterie zwecks Ausräumung der Ablagerungen zehn Mark zu schenken, wenn er ihn in seinem Rollstuhl auf das WC führe. Der Patient wusste, woher seine Stenose kam, er wusste ebenso, warum ihm schon ein Bein amputiert worden war, rauchte aber auf dem Klo eifrig weiter. Nach dem misslungenen OP war ein Thrombus in der Carotis gelandet und der Patient wusste nichts mehr von zehn DM. Albert entschied, sich auch weiterhin von Rauchwaren fern zu halten. Eine weitere Lektion für das Leben waren die täglichen Chefarztvisiten. Als er sie zum ersten Mal sah, fühlte er sich in seine, zugegebenermaßen kurze Zeit als Ministrant erinnert. Pfarrer Weick, senil aber tatkräftig, liebte die Präzision; Ministranten durften nur an EINER bestimmten Stelle der

Altartreppe niederknien. Das Auf und Ab, das Suchen nach der richtigen Stellung-nur nicht über das Röckchen stolpern - das punktgenaue Läuten, Schwenken des Weihrauchfasses- welch rauschhafter Genuss, nur Motten fliehen ihn- machten das österliche Hochamt zu einem Hindernislauf. Im Eifer des Gefechts – war nun das Cum spiritu tuo schon gefallen, hatte er erst einmal geklingelt, verpatzte Albert die Generalprobe und erhielt eine Ohrfeige, ohne dieses Mal der Gefahr ins Auge sehen zu müssen.

Die Chefarztvisite in der Neurochirurgie im Neuenheimer Feld verlief ohne körperliche Gewaltanwendung. Sonst war der Ablauf ähnlich. Statt der Ministrantenschar, geordnet nach Alter bzw. Größe, die dem Priester im Ornat demütiglich folgten, gab es eine etwas diffizilere Rangordnung. Zuerst in weißem Gewandt der Oberpriester (Professor Dr.Chefarzt der...). Als Zeichen seiner Würde trug er keine Utensilien am Leibe oder gar in der Hand. Auch die nachfolgenden Oberärzte – Minimum zwei, hatten die Hände frei bzw. ehrfürchtig auf dem Rücken gefaltet. Erst die Stationsärzte und Assistenzärzte mussten Piepser an der Brust, Stethoskop in der Tasche daherwandeln. Das weitere Gefolge trippelte hinterher, auch hier reich gestuft nach Oberschwestern, Stationsschwestern, Krankenpflegern in Ausbildung sowie last and least, die Pflegehelferinnen. Die Interaktion zwischen den Beteiligten des Rollenspiels bestand darin, dass die Stationsschwester die Tür des jeweiligen Krankenzimmers öffnete, der Stationsarzt den Oberärzten die Krankenakte übergab und der Inhalt dem Chefarzt zusammengefasst wurde. „Der Ulcus ist ohne Recidive verheilt", schwallte es dann über den Kopf des Kranken, oder aber „nach dem 3. OP ist die Prognose infaust". Wie was? Wenn er Patient 4,5-facher-Satz-Privatpatient war, wurde er gefragt wie es ihm ginge, wurde allerdings mit finsterem Blick abgewürgt, falls er es wagte, zu bemerken, dass es ihm NICHT gut ginge. Andernfalls wurde er mit einem aufmunternden „Das hört man gerne!"

bedacht. In späteren Jahren sollte Albert manche Krankenakte lesen, was den Nichtmediziner=Laien=Plebs natürlich verwehrt blieb. Ohne Latinum keine Verstehung. Im Dickicht der Kliniken gab es jedoch auch damals schon Hochstapler, die das System untergruben, z.B. Bettenschieber, die sich drei Kugelschreiber in die Brusttasche schoben, Putzhilfen in weißer Schwesterntracht und Studenten (Famuli), die protzig ein Stethoskop aus der Hüfttasche baumeln ließen.

Drittes Leben: Alma mater

Die Universität, das war ein viergeschossiger Buntsandsteinbau, an den sich ein pagodenhafter Betonerweiterungsklotz anschloss. Inwendig gab es angenehm hohe, luftige Gänge, wandelhallen- oder kreuzgangähnlich, ungemütliche Sitzecken, KEINE Kaffeeautomaten, dafür eine CAFETERIA im Erdgeschoss mit Snickers, süßen Stückchen und diversen Warmgetränken. Während des Anstehens konnte man die Aushänge verinnerlichen: „Student, 8. Sem. sucht Zimmer in WG, gerne auch mit Bad". Oder „Antifaschistisches Komitee, Vortrag: NC und die Wirkungen auf die imperialistische Invasion in Nord-Santorin" . Es spricht W. Höchst (7.Sem. Soziologie) Ort: Restaurant Neumaier." Auch Fahrräder, Mitfahrgelegenheiten wurden gesucht, merkwürdigerweise keine Skripten von

Vorlesungen, die man hätte abfeilen können für die nächste Klausur. Wäre ja auch zu plump gewesen. Vielleicht las auch mal ein Prof diese Anschläge? Verstreut auf den bohnergewachsen Gängen ließen sich die Büros von Assistenten und Professoren finden. In wackligen Stühlen, die nur durch Bücherwände vor dem Umkippen bewahrt wurden, flankiert von Sekundärliteratur (Stapel 1) und Referaten (ungelesen, Stapel 2) saßen blasse Bewohner des Elfenbeinturmes, die Augen brillenbewehrt, die Hände vergraben in Taschen oder gelblich um selbstgedrehte Zigaretten geklammert. Albert war vorerst im Larvenstadium eines Germanisten und Politologen, ein Proteststudium gegen Lehrer Sauer natürlich, der ihn für eine Niete gehalten hatte. Albert also traf noch nicht auf die Olympier dieser heiligen Hallen, sondern durfte in Arbeitsgruppen unter Leitung wissenschaftlicher Mitarbeiter sich in die Bedeutsamkeit des Faches einführen lassen. Diese fingen die unbedarften Erstsemester auf, lockten sie mit Wochenendtreffen in Lernkollektive und koordinierte Lehrveranstaltungen und lehrten sie, dass Literatur zwar schön und recht sei, dass es aber maßgeblich darauf ankomme, die Literaten als bourgeois (bä) oder als progressiv-proletarisch (toll) zu entlarven. Klasseninteressen wurden vertreten, wenn man aus einer bestimmten Perspektive schrieb. Also seien Brechts „Der gute Mensch von Sezuan und Hauptmanns „Weber" progressiv, Eichendorfs „Aus dem Leben eines Taugenichts" oder Thomas Manns „Tod in Venedig" dagegen auszumustern. Dann gab es noch die Negativattribute Eskapismus (Hesse) oder Elitär (Droste-Hülshoff). Wenn dann auch noch Marx oder Lenin etwas zu einem Schriftsteller gesagt hatten, war er sakrosankt. Albert erstarrte in Bewunderung, wenn ein Komilitone Marx und Konsorten in den Lehrveranstaltungen zitierte. Es waren keine Zitate, die man auswendig lernen konnte, um die Kommilitoninnen zu beeindrucken und ins Bett zu bringen, nein , das war Weisheit, das war Stärke, es war einfach so überwältigend, dass Albert den Mund hielt. Alles wäre gut geworden, wenn Albert nicht in eine Zwickmühle geraten wäre. Ging man nämlich 2 Stufen höher und nach rechts – vom Germanistischen Seminar aus gesehen - , so landete man bei den Romanisten, und, wen wundert's, Albert Lejeune war auch bei diesem Verein eingeschriebenes Mitglied. Dort nämlich ging man werkimmanent und/oder psychoanalytisch an Literatur heran. Wieder ein paar Häuser weiter herrschten die Ideengeschichtler, die sich nebenbei von der Stiftung „FREIHEIT der Wissenschaften" unterstützen ließen, die Rede ist von dem Politologentriumvirat Hennis, Oberdörffer und Jäger, die sich gegenseitig auf den Schild hoben, außerhalb von Freiburg jedoch keine Fuß auf den Boden bekamen. Albert, immer noch gut zu Fuß, gelang es nicht immer, auch gedanklich und sprachlich ständig den kontroversen Wünschen des Lehrkörpers zu entsprechen. Hennis liebte die klassische Dialektik. Wenn die Studenten, angeregt durch das damalige

Experiment der Arbeiterselbstverwaltung in Jugoslawien über Selbstverwaltung oder auch nur Mitbestimmung der Arbeiter diskutieren wollten, antwortete er: „So, wie sie sich das vorstellen, kann das nicht funktionieren. Stellen sie sich einfach einmal ein Haus vor, in dem die Mieter bestimmen dürften ob und wann geputzt, gewaschen, entsorgt, bezahlt würde. Das gäbe doch das reinste Chaos, wenn es keinen Hausbesitzer mehr gäbe, der entschiede, der eine Ordnung mit gesetzlichen Mitteln durchsetzen könne." Damit war die Diskussion meist gelaufen, nicht nur, weil Hennis den Trick der unfairen Dialektik benutzt hatte, durch ablenkende Einzelbeispiele von dem allgemeinen Problem abzulenken, sondern weil jeder wusste, wer jetzt noch den Mund auftat, der hat auf seinem Schein eine 4 stehen. Wie z.B. Albert. Aber auch das verstand Albert wieder einmal erst einige Wochen später.

Die Alma mater hatte jedoch auch gewaltige Vorteile. So durfte Albert lesen, so viel er wollte bzw. konnte. Er durfte mit

Anti-Vietnam-US-Ledernacken-Kampfjacke und Jeans herumlaufen, er durfte zu beliebiger Zeit zum (Mensa)-Essen kommen, jedenfalls bezahlte sein Vater unbesehen die Bücherrechnungen, auch wenn sonst beim Haushaltsgeld gespart wurde. Während Albert irritiert durch unterschiedliche Ideologien nur halbhirnig den Ausführungen der Dozenten folgte und eher widerwillig deren Publikationen kaufte z.B. eine spannende Einführung in die Poetik des Barock oder eine von einem DDR-Wissenschaftler unzitiert abgeschriebenen Einführung eines Freiburger Professors in die Linguistik, las sich Albert quer durch die wissenschaftlichen Bibliotheken und verbesserte deutlich den Umsatz gewisser Buchhandlungen. In der Münstergasse gab es in einem Hinterhof eine Buchhandlung, in der man Marx, Liebknecht, Benjamin und Co. kaufen konnte, sogar neu aufgelegt in alternativem, bewusst schäbigem Umschlag von Ullstein! Albert verschlang Mandel und Marx, Heidegger und Hölderlin, Lenin und

Lukacs, Brecht und Böll, Benjamin und Bamm, Goethe und Grass. Freud lag auf dem Nachttisch und von Grof träumte er, zum Müsli gab es Narziss und Goldmund und am Abend den Steppenwolf. Die Ansichten eines Clowns zerbrachen das Bild der Kirche ebenso wie Deschners „Und abermals krähte der Hahn". Die Psychopathologie des Alltagslebens lag auf der Toilettenspülung, Das Kapital las er im Elsass während sein 2 CV am Bodenblech geschweißt wurde, in der Straßenbahn Fromms Kunst des Liebens, Günter Eich im Freibad. Parallel zu Guillaume Appolinaire las er Brel, statt Hennis las er Fourier und Saint Simon.

Statt generativer Transformations-grammatik und Dependenztheorien las er Chomskys Kritik am Vietnamkrieg, Marcuse durfte er nur im Außenlautsprecher des Audimax hören, dafür konnte er Keith Jarrett sehen und hören. In dem Maße wie seine Augen schlechter wurden, als aus Theorie Praxis wurde, verlagerte sich das Interesse von der Universität weg. Während für die Uni nur noch Besuche abfielen, verbrachte Albert seine Zeit in seiner WG in Ettlingen. Sie hausten, zeitweise zu 13 Personen, in einer Gaststätte, die sie auf Abriss bekommen hatten. Albert wurde zum Di-Mi-Do-Studenten, der ansonsten im Garten arbeitete, Holz hackte und das machte, was das täglich Brot in WGs war, diskutieren.

Viertes Leben: Die Erprobung neuer Sozialformen oder wie man Handtücher spart

Eingezwängt zwischen fünf mächtige Kastanien ragte das ehemalige Gasthaus „Zum Glück" als dreistöckiges Mahnmal für ehemalige Saufgelage proletarischer Provenienz in den Himmel. Himmel war das richtige Stichwort für die Wohngemeinschaft, als sie dieses Juwel mit ca. 450 qm Wohnfläche erstmals erblickte. Das preiswerte Paradies auf Zeit war umringt von einem großen, verwilderten Garten, Garagen, Heustadel, Werkstatt und Nebengebäuden. Wenn man irgendwo auf der Welt seinen Traum vom glücklichen Wohnkollektiv verwirklichen konnte, dann hier. Im Erdgeschoss hallenartige Schankräume, die sich als Sozialräume anboten, garniert mit Lambrien (Holzvertäfelungen) und Holzöfen (leicht unterdimensioniert), ein Küche für die Großfamilie, darüber acht Wohnzimmer und ein Bad. Bei der Erstbegehung glänzten die Augen der künftigen Schlossherren: Albert mit dem fettigen, langen Haar und Trotzkibart, Wolfgang, der mit seinem Vollbart 10 Jahre reifer aussah als er war, Elisabeth, Alberts blonde Freundin mit dem Cowboywiegen in den Hüften, das soziale Bindeglied der ganzen Crew, die schlacksige Gabi. Hans-Jörg, der blonde, stämmige Praktiker, der aus Versehen Erzieher geworden war, schwärmte sofort von dem Schuppen, der bald eine prächtige Tischlerwerkstatt für ihn werden sollte. Die übrigen WGler wollten vorläufig bei ihren Festanstellungen als Erzieher bleiben. Eigentlich wollten alle IRGENDWIE etwas Anderes. Aber das konnte man ja mit viel FEELING noch diskutieren.

Zum Einzug gab es einen Großputz, der auch nötig war, um Spinnweben und Fettränder mit ebenso großem Eifer zu entfernen und das Treppenhaus mit Plastikplanen und Stroh aus der Scheune gegen die Unbilden des Winters zu isolieren. Hans-Jörg beizte etliche Schränke ab, was er auch bald zu seinem Beruf machen würde, bei der Freude, was unter so manch unansehnlicher blauen Farbe zum Vorschein kam. Danach begannen bald die erwünschten Diskussionen, die zu keinem Ende führten, aber abendfüllend das Fernsehprogramm verdrängten. Nur bei Fußball streikte Wolfgang. Ansonsten wurde ,immer in Vollbesetzung, über die Socken diskutiert, die nach dem Waschen übrig blieben, über das Höhe des aufgetürmten ungespülten Geschirrs oder über die Organisation von Kohle für die Öfen. Die Weltrevolution, die sexuelle sowieso, war vorläufig vertagt. Während sich alle Welt, allen voran die Presse, den Mund bzw. die Feder verriss über das revolutionäre und promiskuitive Verhalten in den Wohngemeinschaften, war im „Zum Glück" davon nichts zu spüren. Dafür hatten alle füreinander Verständnis, jäteten gemeinsam den Acker, frühstückten gemeinsam und ließen gemeinsam das Geschirr stehen. Dafür wurde die ehemalige Gaststätte zum Ausflugsziel anderer, neidischer Karlsruher

WGs. Den Führungen durch die Zimmerfluchten folgten bald Anfragen wegen der vielen leerstehenden Zimmer. Und so schwoll die Zahl der Mitbewohner und die Dauer der Diskussionen kräftig an. Bald zog eine komplette zweite WG-Truppe ins Nebengebäude - und Bernd. Überhaupt Bernd. Er war Automechaniker, ein echter Vorzeigearbeiter – wegen der Weltrevolution, Solidarität und Brüder, zur Sonne usw. – also Bernd reparierte alle WG-Autos der Umgebung, was ja auch ganz praktisch war, denn er machte es preiswert. Na ja, aber nicht gerade gründlich. Ständig riefen Bernds Kunden an und mussten vertröstet werden, weil, eigentlich sollte das Auto schon seit zwei Wochen fertig sein, beziehungsweise, wo war Bernd denn wieder, ich glaube er fährt, psst, Sag es bitte NICHT, nein er ist gerade nicht da. Bernd fuhr manchmal, aber immer öfter, mit den Autos der Kunden spazieren, betrunken. Es war doch verständlich, dass die Bodenbleche, die er elektroschweißte, in diesem Zustand nicht lange an den Autos hafteten. IRGENDWIE konnten das alle verstehen, also schwierige Kindheit und so und überhaupt unser Arbeiter. Außerdem hatte Bernd bald Gabi an der Angel, die ihn dafür auch besonders wortstark in Schutz nahm. Die Dose, in der sich das gemeinschaftliche Geld befand, hatte auch plötzlich Schwindsucht bekommen, so dass, bei allem Verständnis, nach monatelangen Querelen, Bernd endlich auszog. Dafür hatte Susanne, eine kreative Töpferin, im Erdgeschoss eine Töpferwerkstatt errichtet, von hinten lärmte die Kreissäge der Holzwerkstatt, auf dem Acker wucherte das Unkraut. Albert wurde ihm nicht Herr. Wolfgang, Gabi und Elisabeth erzogen genauso erfolglos anderer Leute Kinder. Obwohl immer mehr Socken fehlten und der Abwasch sich immer höher türmte, war gute Stimmung. Der Winter sorgte für neue Gemeinsamkeiten. Der uralte Pegulan-Boden erwies sich als hervorragender Feueranzünder, noch mehr Stroh wurde für die Flurisolierung verbaut, Kohle musste geschleppt werden und Susanne baute sich nach original irischem Vorbild einen OFFENEN Kamin ins Zimmer im zweiten Stock. Bald flackerte ein freundliches Feuer und erhellte die luftigen, weißen Vorhänge um das Bett. Aus selbstbehauenem Balken aus der ehemaligen Scheune entstand inmitten des Zimmers ein dekorativer Stützbalken. Nur manchmal wurde Albert nervös, wenn etwa wieder der Teppich anfing zu brennen, weil die Funken fröhlich aus dem Kamin flatterten. Ein Kaminkehrer hätte die Konstruktion nie sehen dürfen, aber offizielles Personal mied diese Räuberhöhle. Dafür rankten sich weiter die Gerüchte. Häufig wechselnder Fahrzeugbestand vor dem Haus (BERND!) alarmierte die Nachbarn. Glücklicherweise kam nicht gleich die GSG 9, sondern nur ein Ortspolizeibeamter, um zu klären, ob hier Terroristen Unterschlupf geboten würde. Albert konnte ihn leicht eines besseren belehren.

In Deutschland war es eiskalt geworden, die bleierne Zeit hatte eingesetzt. Nach Adenauer und der Großen Koalition ging nichts mehr voran. Die Partei, in die der Freiburger Schrotthändler aufgenommen wurde und die Alberts Vater in Baden-Württemberg mit aufgebaut hatte, stand für nicht mehr, außer für die Ängste des Mittelschicht vor dem Hereinbrechen des sozialistischen Chaos. So stellte es zumindest die Springer-Presse dar. Aus der SPD war eine Partei der MITTE geworden. Die Studentenbewegung hatte für einige Bewegung gesorgt, Rudi Dutschke war angeschossen worden und Kiesinger geohrfeigt. Mit dem Vietnamkrieg war die moralische Überlegenheit der USA ins Wanken gekommen. Aber auch die UdSSR hatte sich mit dem Einmarsch in der CSSR unwürdig gemacht. Trotz des Scheiterns des Marsches durch die Institutionen hatte man es wenigstens versucht, Bewegung in dieses Land zu bringen. Auch Albert hatte kräftig mitdemonstriert. 51! Demonstranten hatte es einmal in Bruchhausen gezählt. In Karlsruhe war er weniger erfolgreich, als gegen den Numerus Clausus ein Sitzstreik auf der Kaiserstraße stattfand. „Gehst du da weg, Albert!" hatte er nur gehört. Na ja , seinem Onkel, der bei der Polizei war, musste er wohl gehorchen. So leicht ließen sich allerdings nicht alle Studenten einschüchtern. Manche traten in radikale, neue Parteien ein: Da gab es ein lustiges Durcheinander: Trotzkisten, Maoisten, Marxisten-Leninisten. Der Hauptfeind war immer die andere Splittergruppe. Alberts ehemalige Tanzstundenliebe und ein früherer Mitspieler in der Band wurden Mitglied der RAF. Vom Sympathisanten zum Bombenleger war es nicht weit. Bald sprengten sich beide aus Versehen selbst in die Luft. Albert blieb auf dem Teppich ‚d.h. bei den Jungsozialisten, immer noch begeistert von der Ostpolitik Willy Brandts, aber der wurde auch durch eine politische Intrige ausgeschaltet. Als die Atompolitik der SPD fragwürdig wurde, gründete Albert eine Initiative, die Flugblätter anlässlich des Unglücks in Harrisburg/USA verteilten. Es war noch lange Zeit vor Tschernobyl und so mussten sie sich doch tatsächlich Sprüche anhören wie: "Geht doch nach drüben, wenn es euch hier nicht passt!" Doch dahin wollten sie nicht. Nicht einmal im Traum. Schließlich mündete das Engagement in einem Beitritt bei den Grünen. Hier war sie endlich, die basisdemokratische, friedensbewegte, atomfeindliche und frauenfreundliche Ökopartei. Niemand wusste damals, wie schmählich diese Partei später an Posten in der Regierung kleben würde und so alle Chancen auf eine echte grüne Politik verspielte. Damals jedenfalls machte das Demonstrieren noch Spaß. Eine Rede vor 500 Leuten zu halten, ein agitatorisches Theaterstück aufzuführen, das war etwas. Wer sich mit einem echten oder eingebildeten Gegner ausein-andersetzen kann, braucht sich um die eigenen Probleme nicht zu kümmern. Heidi. Ja, Heidi war so eine. Sie war in Karlsruhe die Repräsentantin einer besonders linken Gruppierung, Trotzkistischer Weltbund oder so. Leider war es ihr nur gelungen, zwei weitere Mitglieder zu rekrutieren. Als sie Albert mit zu sich nach Hause nahm, wäre er fast ihr Fan geworden. Als er jedoch die

Studentenbude betrat, war jeder sexuelle Impuls verflogen. Die Wände kahl, nur Trotzki thronte über allem, keine Pflanzen, keine Musik außer „Vorwärts, und nicht vergessen!". In ihrer Wut- so hieß sie mit Nachnamen, hätte sie sicher jedes Pflänzchen verdorren lassen. Auch bei Albert verdorrte etwas.

Trotz aller Diskussionen wurden in der WG wichtige Probleme nie angesprochen. So war Albert bass erstaunt, als zu seinem Geburtstag Elisabeth keinen Kuchen buk, sondern plötzlich einen neuen Lover präsentierte, einen FREUND, der just an diesem Tag auch noch bei ihr übernachten wollte. Albert ging in sich, fand darin jedoch nur die schiere Verzweiflung. Und weil die WG in einer genügend großen Zahl von Selbsterfahrungsseminaren gelernt hatte, wie ungesund es ist, Gefühle zu unterdrücken, warf Albert ein Majolika-Vase in den Fernseher, den Fernseher warf er auf den Schrank, mit den Schrankbrettern zerschlug er das Doppelbett , die Bettfronten flogen durchs Fenster. Die WG-

Mitbewohner, ohne Elisabeth, kamen herein und versuchten weiteren Materialschaden beschwichtigenderweise zu verhindern. Albert machte einen langen Spaziergang. Insgesamt war es eine schöne Zeit gewesen, der Geruch von geschweißtem Blech, von frischgesägtem Holz, von glühenden Kohlen und von feuchtem Ton schwängerte die Luft. Gabi ließ sich von ihrem iranischen Liebhaber nicht mehr verprügeln, seit die WG einen Bioenergetik-Workshop mitgemacht hatte. Nun war ihr klar geworden, dass der Mann ihrer Schwester kein Recht hatte, sie körperlich zu züchtigen und anzubrüllen, auch wenn er als Araber eine andere Einstellung zu Machismo und Polygamie hatte.

Alle hatten schon die unterschiedlichsten WG-Erfahrungen (damals ein Kriterium für die bevorzugte Aufnahme in eine solche) hinter sich. Besonders urig war die LEO-WG gewesen. Sie hauste über einer Striptease-Bar, die Miete war reduziert, dafür hämmerten nachts die Bässe gegen den Fußboden, was, je nach Einstellung ein erotisches Vibrieren oder Schlaflosigkeit hervorrief. Aber auch ohne Infraschall war immer Stimmung in der Glaubens-genossenschaft. In der Küche war ständig Besuch von Schüler die entweder a) die Schule schwänzten b) mal kurz einen Kaffee trinken wollten oder c) bald von zu Hause ausziehen wollten, weil die Alten so unerträglich spießig waren. Als Nebenwirkung war der Kühlschrank und die Kaffeekanne ständig leer. Dafür wurde genüsslich palavert (Palaver hieß eine spätere Scenekneipe) wie bei einem Kaffeekränzchen, nur dass die Protagonisten keine Sahnetörtchen auf Damastdecken verzehrten, sondern den neuesten Tratsch aus WGs oder die Planung immer neuer Demonstrationen in Angriff nahm. Mit Ausnahme des Gründers der WG, Dieter, ging niemand einer geregelten Arbeit nach und die spießigen Alten zahlten mehr oder weniger murrend den Unterhalt. Das Vorrecht zu arbeiten brachte Dieter den unerklärten Status eines Stammes-häuptlings. Was Dieter auch ausheckte, wurde nach kurzer Diskussion in die Tat umgesetzt. Nach der Lektüre von Reich und Marcuse, nach Berichten von der Kommune I in Berlin, wurde sofort die sexuelle Revolution umgesetzt. Individueller Besitz, vor allem den eines fixen Sexualpartners galt fortan als verpönt. Reihum hatten alle Männer und Frauen die Betten zu wechseln, was die baldige Aufhebung des Individuum zu Folge haben sollte, das in seinem Kollektiv endgültige Ruhe finden sollte. Das nächtliche Gefummel (Petting) sorgte für gute Laune in der Gruppe, nur Dieters Freundin war etwas enttäuscht, denn sie durfte und wollte eigentlich nur mit dem Oberguru ins Bett gehen. Als nächsten Schritt wurden die individuellen Handtücher und Badbesuche abgeschafft; gemeinsam sprang man in die Badewanne, selbst wenn es eng wurde. Während sich Susi die Schamhaare schnitt Wusch Peter seine Haare und Annegret badete mit Albert. Danach trockneten sie sich gegenseitig ab, immer das Handtuch übernehmend, das gerade zu Hand war. Eine kurzfristige

Läuseplage verpasste dem Handtuchprojekt nur einen kurzfristigen Rückschlag. Bald ordnete Dieter an, die letzten Tabuzonen zu knacken. Die Tür zur Toilette, die sich gleich neben dem Wohnungseingang befand, wurde ausgehängt. Auf diese Weise würden schnellstmöglich die bürgerlichen Schamgefühle endgültig über Bord geworfen. Neu eintreffende Gäste und Postboten mit eingeschriebenen Briefen der Eltern konnten von nun an sofort freundlich von der Kloschüssel aus begrüßt werden. Der etwas unangenehme Geruch, der sich daraufhin im Zimmer nebenan, der Küche, verbreitete, wurde mit eisernem Kampfeswillen ignoriert. Georg, der Autos in den Libanon fuhr und seine Schlange mit mit selbstgezüchteten lebenden Mäusen fütterte, war der zweite Star der Mannschaft. Wettergegerbtes Gesicht und schulterlanges Haar machten ihn zum Inbegriff des Gesetzlosen und Schönen. Nur Ute blieb eine Außenseiterin. Ihr Zimmer war ein Tohuwabohu aus Topfpflanzen, Bambusstauden, Papyrus und einer Unzahl unbekannter Pflanzen, so vollgestellt, dass man laut rufen musste, wenn man wissen wollte, ob sie da war oder nicht. Veras Freund dagegen hatte einen schlechten Stand, weil er, igitt, Elektroingenieur studierte; er durfte nicht auf die große Karlsruher WG-Freizeit mit. Nicht in der große 30-Mann/Frau–Zelt am Ufer der Ardèche. Auch hier wurde mit minimalem Einsatz ein Maximum an Erholung gewährleistet. Mangels US-amerikanischer Schlafsäcke, die man ebenfalls aus Protest kaufte, wurde jeweils ein männlich/weiblicher Doppelpack hergestellt. Obwohl der Nachtschlaf dadurch litt, wurde dadurch die unnatürliche Spannung zwischen den Geschlechtern SPÜRBAR verringert. Auch in der Land-WG „Zum Glück" pflegte man ein gemeinsames Urlaubsritual. Aus der Haushaltskasse, die nach Bernds Auszug wieder gefüllt war, kauften sie sich zwei Klepperboote und paddelten damit die Loire hinunter, vorbei an Inseln mit unberührten Sandbänken, durch eine traumhaft schöne

Schlucht , die später dem französischen Staudamm-Wahn zu Opfer fallen sollte, mit abendlichen Lagerfeuer und Besichtigung der mittelalterlichen Dörfer, die das Ufer säumen.

Aber auch die schönste Zeit muss einmal zu Ende gehen. Der Schnee fiel auf die baufällige EX-Kneipe, und Schneeflocken wirbelten auf, wenn ein EC keine 10 Meter Luftlinie am Haus vorbeistiebte. Albert dachte an Dr. Schiwago, nur seine Lara war nicht da. Er wartete am Karlsruher Hauptbahnhof darauf, dass seine geliebte Elisabeth von einem Besuch ihrer Schwester in Ostfriesland zurückkäme. Der Zug kam mit Verspätung an, so spät, dass Alberts Füße schon blau gefroren waren und mit ihm die Erkenntnis, dass sie wohl jahrelang in der WG zusammen gelebt hatten, aber anscheinend nie über ihrer Probleme gesprochen hatten, denn Elisabeth stieg nicht aus dem Zug. Auch Alberts Referendariat ging zu Ende. Seine politische Einstellung war in Württembergs Sibirien, nahe der Grenze zu Bayern, wo sich Hund und Katz zwar gute Nacht sagen, dafür aber der Bayern-Kurier die Lektüre vieler Lehrer war, zu links gewesen. Außerdem hatte er badisch geredet statt geschwäbelt, was ihm angekreidet wurde als Mangel an hochdeutscher Aussprache, jedenfalls war seine Beurteilung nicht gut genug für einen Einstieg in den Staatsdienst. 1979 war auch politisch einiges zu Ende. Der Glaube an schnelle politische Veränderungen war dahin, die sexuelle und sonstige Revolutionen waren erst einmal vom Tisch. Albert lag wieder einmal auf der Nase.

Fünftes Leben : Die Suche nach der Erkenntnis oder La folie à plusieurs

Die Bedrückten will ich erheben, die Dürstenden will ich laben». Solche Verheißungen kannte Albert sonst nur aus seiner kurzen Phase als Ministrant bei Pfarrer Weick, dem Handgreiflichen. So, wie es ihm jetzt ging, ohne berufliche Perspektive, ohne Freundin und in einer langsam zerfallenden Wohngemeinschaft war er indes süchtig nach Idyllen: Konnte es die geben? Ein Ort auf der Welt, wo die Menschen ein sorgloses, ja glückliches Leben führten. Wo man sich in Gruppentherapien gegenseitig die Wunden der Kindheit leckte, wo Liebe und Zärtlichkeit untereinander nicht die Ausnahme, sondern die Regel waren, wo ein erleuchteter Meister Vorlesungen über Politik, Religion, Soziologie, Psychologie und Wissenschaftstheorie hielt, vermischt mit witzigen Bemerkungen. Wo sich der

Inbegriff von irdischen Glück anzuschauen war?

Außerdem fand das ganze in Indien statt, wo man als Europäer mit 200 DM im Monat gut leben konnte und eine, auf dem Ashramgelände angesiedelte internationale Universität diverse Ausbildungen in psychotherapeutischen Techniken anbot. Albert hatte über seine WG- Beziehungen auch eine Gruppe von Schülern dieses Meisters kennen gelernt. Es waren fröhliche, offene, herzliche junge Männer und Frauen, mit denen man nicht nur Konversation treiben konnte, sondern auch über die eigenen Gefühle, Sorgen und Wünsche reden konnte. Alle waren in roten oder gelben Kleidungsstücken gewandet und einen Wunsch hatten alle vorrangig: Erstmals oder endlich wieder nach Poona zu reisen, jener Millionenstadt, in der sich das Zentrum um den Guru Bhagwan befand. Manche trugen allerdings noch Alltagskleidung, andere dafür durften schon das Amulett des Meisters an einer Rosenholzkette um den Hals tragen.

„Everybody needs four hugs a day! " schien als unsichtbares Motto über der Tür zu der Sannyasin-WG zu stehen. Mit Umarmungen wurde nicht gespart, so dass sich Albert endlich wieder irgendwo aufgehoben fühlte. Außerdem gab es eine Beschäftigung, die gemeinschaftsstiftend war, nämlich täglich eine dynamische Meditation, bei der man tanzen, hüpfen, weinen, lachen und schreien durfte, wo man die Spannung des Alltags abwerfen konnte. Das hatte der Guru verordnet zur seelischen Weiterentwicklung. Außerdem war Bhagwan für Albert der Inbegriff eines vorurteilsfreien Intellektuellen, denn er zitierte fleißig aus Büchern, besaß angeblich eine Bibliothek von 60.000 Büchern. Natürlich hatte er selbst schon Dutzende geschrieben, die, ins Deutsche übersetzt, die Runde machten. „Mein Weg, der Weg der weißen Wolken" zum Beispiel. Die Bücher waren erstaunlich einfach, klar, einleuchtend. Die Message war einfach: Unsere Zivilisation ist menschenfeindlich, verlangt sie doch ein hohes Maß an Unterdrückung von

Sexualität. Ohne freien Sex wurden die Menschen immer verkrampfter. Verkrampfte Menschen sind nicht in der Lage, spontan Mitgefühl zu empfinden, werden dafür herrschsüchtig, egozentrisch. Bricht man diese Mauern um das natürliche Gefühl auf, so werden die Menschen glücklich, spontan wie die Kinder, und wir haben endlich eine Welt ohne Not und Kriege.

Bald war es auch für Albert die größte Sehnsucht, endlich nach Poona zu reisen, dort seine Seele wieder aufbauen zu lassen und vielleicht sogar selbst eine psychotherapeutische Ausbildung zu machen. Zwar hatte Albert seit Pfarrer Weicks Zeiten die Verbindung zu Religion verloren, zu Esoterik nie gehabt, doch schien dies bei Bhagwan nicht so wichtig zu sein, lehrte er doch einen Mischmasch aus verschiedenen Religionen, ein Eklektiker, der sich überall das Beste heraus suchte und das Orthodoxe über Bord warf.

Im Herbst 1979 endlich brach Albert mit Christina, eine Karlsruher Sannyasin nach Indien auf. Als das Flugzeug von Frankfurt Richtung Bombay startete, war sein Herz voller Hoffnung. Im Koffer hatte er schon einen orangen Schlafanzug, denn so etwas war die richtige Kleidung für Indien, und diesen könne er auch gleich NACH der Zollkontrolle in Indien anziehen, die Beamten seien da etwas negativ eingestellt gegen die Jünger des Gurus. In Bombay trafen sie, gleiche Kleidung machte das Erkennen leicht, auf eine Gruppe englischer Guruanhänger und gemeinsam nahmen sie ein Taxi nach dem 150 km entfernten Poona. Einhundertfünfzig Kilometer Taxifahrt, schon das war ein deutliches Omen, wo man sich befand. Im Billigland, im Paradies, wo man sich alles leisten konnte. So lagen sich schon bald die Sannyasins in den Armen, erzählten sich Witze, die Bhagwan erzählte, berichteten sich gegenseitig über ihre spirituellen Karrieren und warteten auf die Teepause am Rande der Dschungelstraße. „Hast du das Mädchen gesehen, das da am Straßenrand Feigen verkauft hat?" Die war noch keine 10 Jahre alt!" „Ist das da drüben ein Palast oder ein Hotel, was meinst du?" Durch blühende Oleandergärten, hupend durch auf der Straße weidende heilige Kühe, an Straßen entlang, wo Menschen auf dem Bürgersteig wohnten, eine gleisende Sonne am Himmel, deren Macht nur mit Cola zu dämpfen war, kamen sie schließlich an einer Raststätte an. Anders als in Deutschland trank man hier Tschai (Tee), aß Joghurt mit Mangos statt Hot Dogs und saß nicht auf Plastikstühlen, sondern lagerte am Boden auf Teppichen, während rund um das offene Zeltdach die Vögel lärmten. Es war wie ein Märchen aus Tausend und einer Nacht. Ein Pfau stolzierte durch das Zelt. Im Herbst, nach Ende des Monsums, war Indien ein Garten von überirdischer Pracht. Malven und Orchideen leuchteten in verführerischer Pracht, Vögel zwitscherten. Das Auftauchen der ersten Rikschas machte die Reisenden darauf aufmerksam, dass die Pilgerreise bald zu Ende sein würde, dass die Vororte der Millionenstadt Poona erreicht waren. Aber selbst in der Millionenstadt hatte man nicht das Gefühl, das sich in London oder Berlin, in New York oder Warschau einstellt. Alle Gebäude waren niedrig, die Straßen bevölkert mit Menschen, Tieren, spielenden Kindern. Es fühlte sich an wie ein unendlich großes Dorf. Die Kinder vergnügten sich auf unbebautem Gelände mit Tauben und Steinen, die Rikschafahrer hupten und gestikulierten, unterhielten sich jedoch ständig dabei mit den Fahrgästen, so dass man zwar ständig Angst hatte, dass es einen Unfall geben könne, andererseits hatte man das Gefühl, die Rikscha- und Taxifahrer fuhren nicht wegen des Geldes, sondern wegen des Spaßes zu fahren und sich zu unterhalten. Selbst die vielen Bettler waren freundlich und unaufdringlich. Es machte Spaß, ihnen etwas zu schenken. Da war keine Wegschauen möglich und auch kein geheuchelter Schmerz. Ein Armer war ein Armer, ein Reicher ein Reicher, jeder spielte nur seine Rolle. Alles schien so unwirklich. Die Neuankömmlinge mussten erst einmal die Regeln neu lernen. Zum Beispiel war der

Ashram keine Herberge. Nur ausgewählte Jünger des Gurus fanden gegen Zahlung eines hohen Eintrittsgeldes Aufnahme auf Dauer im Ashram. Sie lebten dort für „Bed and Food" und arbeiteten in den verschiedenen Betrieben: Von der Wäscherei bis zum Restaurant, von der Boutique bis zu Büro, manche wieder als Musiker, Psychotherapeuten und Ärzte. Allen war es so wichtig, dem Guru nahe zu sein, dass sie wie Mönche bzw. Nonnen auf individuelle Bezahlung verzichteten. Alle anderen Besucher mussten sich eine Unterkunft suchen und das war nicht leicht, weil sich oft über tausend gleichzeitig ein Jugendherbergszimmer, eine Pension oder ein Hotelzimmer wünschten. So landeten manche Langzeitgäste in Laubhütten, die ihnen die geschäftstüchtigen Bauern bauten, andere hatten genügend Geld, um im „Blue Diamond" zu wohnen, sich am Pool die Nachmittage zu vertreiben. Die Preise für die Therapiegruppen im Ashram waren für Europäer und Amerikaner gering, für Inder horrend. Bald hatte Albert das Gefühl, im indischen Ableger eines Club Méditerranée zu sein. Der Guru scheute sich auch nicht, sich als „Guru der Reichen" zu bezeichnen. In ashrameigenen Boutiquen wurden Gewänder in den erlaubten Farbtönen hellgelb bis weinrot angeboten, ebenso parfümfreie Seife, weil der Guru darauf allergisch reagierte. Wollte man in die Laotse-Halle, diejenige, in der man dem Guru persönlich gegenübersaß während seiner Vorlesung, genannt Lecture, so musst man sich einer Geruchskontrolle unterziehen. Wahrscheinlich wurde hier nicht nur nach parfümierter Seife und üblen Körperausdünstungen gefahndet, sondern auch nach Waffen, war der Guru doch schon mehrmals fast ein Opfer von Anschlägen religiöser Fanatiker geworden. Albert gelang es nie, in die heilige Halle vorzudringen, aber in der Buddha-Hall konnte man über gute Lautsprecher ebenso gut mitbekommen, was gerade lief. Aber auch hier war es gab es Regeln, die von Wächtern kontrolliert wurden. Die Schuhe mussten ausgezogen werden, schnäuzen und husten war strengstens untersagt. Auch das mochte der Guru nicht. Überhaupt hielt er Abstand zu seinen Jüngern; nur Auserwählte gelangten zum Hofzeremoniell, der Darshan (Anbetung des Weisen). Alle anderen bekamen ihn nur zu sehen, wenn er aus seinem Mercedes 600 oder seinem Rolls Royce aussteigend ein paar Schritte in die Laotse-Halle selbst unternahm. In seinen Phantasiekleidungen mit langen Puffärmeln und jeweils zum Kostüm passender Kopfbekleidung – Hut wäre ein Pejorativ gewesen -, wirkte er wie ein Pascha aus dem Morgenland oder ein Unterhaltungskünstler aus Las Vegas.

Albert hatte die Therapiegruppe, die man ihm im Büro aus Einstieg empfohlen hatte, bald über. Für 50 Dollar sollte er in eine Gruppe mit 50 anderen drei Tage auf dem Flachdach eines Gebäudes im Ashram ausharren, dabei nur Tee trinken und Snacks, die ganze Zeit nichts sprechen dürfen, ab und an einem Partner/ einer Partnerin schweigend eine Stunde in die Augen sehen dürfen und ansonsten den

Himmel und die Wolken bzw. den Himmel und die Sterne ansehen dürfen. SO hatte er sich Poona nicht vorgestellt. Er kletterte hinunter in den Garten, genoss die Ruhe, das Zwitschern der Vögel, die Düfte der tropischen Nacht, bis sich eine Hand von hinten auf seine Schulter legte und ein Wächter in freundlich aber eindeutig zurück zu den Schweigern schickte. Dabei hatte am Tag zuvor der Guru gerade erzählt, auf einem solchen nächtlichen Spaziergang durch den eigenen Garten erleuchtet worden zu sein. Wie unfair. „The Ashram wants you to leave the garden!" Ständig wollte "The Ashram" etwas von ihm. Albert war sauer. Er verlangte von dem Wächter, endlich einmal „I want you..." zu sagen. Das schaffte der Wärter immerhin noch, obwohl er reiflich verdutzt aus seiner roten Wäsche schaute. Albert verabschiedete sich am nächsten Morgen offiziell aus der Gruppe. Von nun an hörte er morgens (LIVE) und nachmittags (vom Band, Oldies) die Vorlesungen von Bhagwan (ohne zu husten) und nahm um 11 Uhr am Volkstanz teil.

Volkstanz war endlich etwas nach seinem Geschmack. Volkstanz hieß hier übrigens Sacred Dance (Heiliger Tanz), was ihn nicht schlechter machte. Religiöse Lieder, Indianertänze und Ohrwürmer aus der Schlagerszene waren in Lieder umgewandelt worden, die vom Glück zu Leben, vor allem in der Anwesenheit Bhagwans handelten. Dazu wurde im Kreis getanzt, gesungen, die Partner gewechselt, sich in die Augen geschaut. Dazu sang eine australische Vorsängerin, begleitet von Congas und Gitarren. Aus „mir geht's gut" wurde „I love you" (Bhagwan natürlich). Aus „You just call out my name" (James Taylor) wurde "You just flow in what is" usw. Es war einfach ein Riesenspaß. Der Tagesablauf (Dynamische Meditation, Vorlesung, Tanzen, wieder Vorlesung, Mittagsschlaf wurde durch ein kurzes Essen im hauseigenen vegetarischen Restaurant unterbrochen. Vegetarisch schmeckt eigentlich nur in Indien, selbst Albert schmeckte die leichte Kost. Er verschenkte seinen orangen Schlafanzug an einen Bettler und bestellte sich einen aus weißer Seide beim Schneider. Welch ein Luxus, für 50 DM. Mit seinem neuen Luxus bekleidet begab er sich ins Blue Diamond Hotel, um für eine DM einen Trink zu sich zu nehmen. Das Leben war ein Fest, die Trennung von Elisabeth und kein Job, alles lag noch weiter weg als Deutschland. Wo war das eigentlich. Anrufen zu Hause. Ja, ein Mal. Er verliebte sich in eine Französin und überschüttete sie mit Brokatkleidern und Einladungen. La vie est belle. Seine Seele öffnete sich für die einfachen Botschaften Bhagwans. „Du bist OK, so wie du bist. Du brauchst dich nicht zu verändern. Ich akzeptiere dich so wie du bist. Sei ganz natürlich, fühle dich frei. Wirf deine Erinnerung fort, lebe ganz gelöst im Hier und Jetzt" (Ein beliebter Buchtitel damals) Dein Verstand ist ein Hindernis, hinter dem sich ein wesentlich größeres Potential verbirgt. Bringe dein Unbewusstes ins Bewusstsein, oder wie Bhagwan es in einem Buchtitel nannte: „Zerbrich den Fels des Unbewussten". Es gibt Millionen Buddhas auf der Welt, du bist auch einer, nur bist du noch nicht erwacht. Langsam, unterstützt von Bhagwans trance-erzeugender Singsang Stimme, sickerte diese Botschaft ins Unterbewusste. Also, nochmals in Kurzform: Ich bin OK, du bist OK, wenn du irgendetwas nicht als OK ansiehst, so hast du nur noch nicht das richtige spirituelle Niveau erreicht. Du brauchst nichts festzuhalten, auch nicht dein Geld. Gib es lieber der Rashneesh-Foundation (Stiftung Bhagwan). Als Wertanlage wird die Stiftung dafür viele Rolls-Royce kaufen (später in den USA hatte Bhagwan 31 davon, für jeden Monatstag einen anderen. Nur Materialisten konnten sich an diesem Luxus reiben. Auch Albert gab nun Geld mit vollen Händen aus, für Einladungen, Kleidung und Almosen. Zunehmend verlor er den Realitätssinn. Mit dem klassischen „Indienschock" der Europäer, die die indische Zeitlosigkeit und das Phlegma nicht in ihr Weltbild einbauen können, kam der spezielle Einfluss Bhagwans, der Tanzgruppen, in denen alles floss (wohin wohl?), der Therapiegruppen

(„Gib dich ganz Bhagwan hin!"). Eines Abends verfiel Albert in Trance, nahm ein Taxi nach Bombay und wollte ohne Flugticket nach Deutschland zurück, die Botschaft der glückseligen Insel an die danach hungernden Deutschen weiter zu geben. Das Ziel schien ihm erreicht, er war abgehoben, hatte das weiße Licht gesehen, war erleuchtet worden. Während der Fahrt mit dem Taxi hatte er Bilder gesehen aus längst vergangenen Epochen der Erdgeschichte, er sah Fische und Vögel, Affen und Sternschleier, Gesichter längst vergessener Menschen, er sah seine Fragen an die Welt, sein Denken, das oft um den Begriff der Gerechtigkeit kreiste, er hatte sein Leben noch einmal als Film nacherlebt, seine Ängste, seine Verlockungen, sein Selbstmordversuch, alles war so lächerlich. Er wurde auf einmal völlig leer nach diesem Rausch von Gedanken. Aber nun setzte keine Depression ein, wie es oft bei Drogengenuss der Fall ist, sondern ein ungewöhnliche Klarheit, eine innere Ausgeglichenheit, der Friede mit sich selbst und mit der Welt. Er lachte, und er fühlte zum ersten Mal, was Siddharta erlebt, gesehen und gefühlt hatte, als er in Hesses Roman aus dem Boot ins Wasser gefallen war, um zu sterben. Nur war er nicht tot, sondern so lebendig wie noch nie. Er war glücklich wie noch nie. DAS musste er der Welt weitergeben. Er hatte die Erleuchtung erreicht. Welche Freunde.

Albert war das widerfahren, wovon alle Heiligen singen, alle Saddhus sabbern, alle Gurus predigen und viele Mystiker aus schierem Unvermögen, das auszudrücken, zum Schweigen bringt. Es war schöner als Sex, schöner als jede Droge, schöner als der Kick bei Sport und intellektuellen Höchstleistungen. Kein Wunsch war mehr übrig, jeder Mensch, ja jedes Blatt atmete Seligkeit und Vollkommenheit. Jeder Moment war einzigartig. Das musste es sein, was Krishnamurti, Yogananda, Bhagwan, der heilige Franziskus und Meister Eckhard, Laotse und Buddha alle auf ihre Weise umschrieben. Es gab nichts mehr zu tun.

Liebe war Alberts Zustand geworden, keine individuelle Neigung mehr.

Wie schön, würden allerdings auch die Psychiater sagen, als sie Albert zum ersten Mal nach seiner Rückkehr zu Gesicht bekamen, endlich einmal wieder ein waschechter Maniker, der in der euphorischen Phase ist. Die Bewusstseinsveränderung, die nach Erfahrung buddhistischer Klöster ziemlich genau 42 Tage andauert, war für Albert überwältigend und er wusste sie nirgends einzuordnen, da er keine Begriffe dafür hatte. Während er glückselig jeden Tag neue Experimente mit seiner charismatischen Ausstrahlung durchführte, war er für seine Freunde und Eltern völlig verändert, in seinem Selbstbewusstsein unerträglich. Ein erwachsener Mensch, der plötzlich vor NICHTS mehr Angst hat, der sich an keine Regeln mehr hält, weil er ihren Sinn nicht mehr versteht, der andere zum Lachen bringt wie ein Clown, der auch ständig über die unverstandenen Regeln der Gesellschaft stolpert, wird auf der anderen Seite auch nicht voll genommen, was nicht weiter stört, sein Aufbegehren ist jedoch unerträglich. Dafür weiß man nur eine Hilfe, und das sind die Psychiater, die mit Medikamenten das Gehirn lahm legen und damit jede Lebenslust unterdrücken bzw. jede Depression in einen Normalzustand zurück versetzen können.

Albert reiste im weißen Gewand des Meisters, nicht in dem roten des Schülers zurück nach Deutschland. Er benahm sich so anders als gewohnt, so von der Rolle, dass man ihm empfahl, sich von einem Psychiater helfen zu lassen, der angeblich etwas von Meditation verstand. Verstand er nicht. Er hatte noch nicht einmal eine Fortbildung gemacht, in der viele seine Kollegen gelernt hatten, dass es dieses transitorische Symptombild oft bei Heimkehrern aus Poona gebe. Das „spiritual emergency network" des amerikanischen Psychiaters Grof war ihm ebenfalls unbekannt, Albert leider damals auch. Während also der Karlsruher Oberarzt der Psychiatrie das tat, was er gelernt hatte, nämlich Haloperidol verschreiben, fand Albert bald heraus, dass er mit genügend Kaffee die Wirkung austricksen konnte. Bald nahm er das Zeug überhaupt nicht mehr und in der Psychiatrie war er ja auch nur freiwillig gewesen. Dafür hatte er drei Freundinnen gleichzeitig , experimentierte mit Sannyasins Gruppensex, konnte plötzlich so schnell und intuitiv Gitarre spielen, dass er mit einigen amerikanischen Künstlern aus der GI-Kaserne musizierte, er las sich zwecks Abklärung des Vorgefallenen in die esoterische Literatur ein, gönnte sich den Luxus einer Stereoanlage und eines Fahrrades auf Pump, telefonierte viel (ein typisches Symptom der Manie, Herr Doktor, notieren sie), war frech zu frechen, freundlich zu freundlichen Menschen und ging fortan Psychiatern aus dem Weg. Nach 42 Tagen verflüchtigte sich der Zustand, nicht ohne Katzenjammer, und Albert musste, weil er es schlicht VERLERNT hatte, sich wie ein kleines Kind wieder die Spielregeln der Alltagspathologie lernen. Er wurde wieder normal, manchmal lustig, manchmal traurig, ängstlich und langweilig, wie die Menschen eben sind.

In dieser Zeit lernte Albert natürlich eine Menge anderer Verrückter kennen. Ein Informatiker, der in einer betreuten Wohngemeinschaft lebte, bastelte sich aus Elektroden und Gummibändern einen Kopfschmuck, der einem Teil eines EEG ähnlich sah, jedoch keinerlei Sinn hatte, außer dass derjenige glaubte, er könne damit seine eigenen Gedanken erkennen. Ein wenig schräg, dieser, als schizophren klassifizierte, jungen Mann, aber interessant und freundlich. Es gab aber auch jede Menge Verrückte, die frei herumliefen. Z.B. gab es die Anhänger eines verstorbenen Gurus, der zwar selbst gerne Bratwürste aß und dem Cognac zugetan war, seinen Anhängern jedoch Vegetarismus und Alkoholverzicht gepredigt hatte. Seine Bücher über Theologie und dergleichen abstruses Zeug waren Pflichtlektüre. In deren Schulen wurden cholerische Schüler in rote Gewänder gehüllt, damit sich das Fluidum verflüchtige, die Häuser hatten keine rechten Winkel, was der Verwirrung der Schüler zu Gute kam, weitausholende Bewegungen mit Armen und Beinen, begleitet durch das Ausstoßen eines „AAA" oder „OOO" läuterte manchen Schüler. Neben so manchem Vernünftigen, das in der Pädagogik ihren Niederschlag fand, gab es jede Menge Abstruses. Fußball war verpönt, weil es das Physische in den jungen Sportlern stimuliere, was höchst verwerflich war. Die spirituelle Entwicklung sollte dagegen dadurch gefördert werden, dass man täglich irgendetwas auf eine völlig neuartige Weise tat: z.B. die Rosen vor dem Haus mit der linken, statt mit der rechten Hand zu gießen. Einmal saß Albert in einer Vorlesung. Zu spät aufgestanden, aß er dezent ein belegtes Brötchen. Der Dozent, hager wie ein Kranich, äugte besorgt zu ihm hinüber:" Bitte, hören sie auf zu essen. Sie können dem Vortrag nicht folgen. Nur Menschen auf einer höheren spirituellen Ebene können sich auf zwei Dinge gleichzeitig konzentrieren.". Unglaublich, endlich WUSSTE Albert, dass er sich auf einer höheren Ebene befand, wogegen er eigentlich früher immer nur gedacht hatte, es sei ganz einfach, zu essen und dabei zuzuhören. Freilaufende Irre gab es jedoch auch außerhalb von Sekten. Einmal arbeitete Albert bei einem Heilpraktiker, bei dem die Irren ein und ausgingen. Nicht, dass man sie gleich erkannt hätte. Es waren Geschäftsleute, brave Rentner, selbst Unternehmer und Ärzte gehörten zu dessen Klientel. Ähnlich wie obiger Guru hatte Albert den Eindruck, dass sich hier einiges Vernünftige, das einem faszinierte, sich mit einer Unmenge von Mumpitz mischte. Während der Heilpraktiker, nennen wir ihn Kuhhirt, sich damit brüstete, frühzeitig vor den Gefahren von synthetischen Inlays, Amalgan, kurzgebrannten Polymeriden bei Gebissen, Paladium als Amalgam in Goldmischungen von Zähnen sowie toten Zähnen gewarnt zu haben und bei der Zahnsanierung in Kooperation mit Zahnärzten viel Gutes tat, so schwappte dessen Selbst- und Sendungsbewusstsein ständig über. Ständig wurden neue Gefahren lokalisiert und bekämpft. Patienten schickten Holzproben vom Neubau, Wasser- und Speiseproben. Alles wurde auf ein geheimnisvoll schwingendes Gerät gelegt, das die bösen Schwingungen verstärkte und spürbar machte. Manch harmloses Mitbringsel aus dem Urlaub entpuppte sich als gefahrvolles unheilbringendes Monster. Eine harmlose Messingstatue konnte leberschädigend sein. Ein Buch vom falschen Autor konnte die Psyche ruinieren. Auch von Menschen gingen gefahrvolle Schwingungen aus. Einmal stand auch Albert selbst im Verdacht, schlechte Schwingungen aus dem Urlaub mitgebracht zu haben. Kuhhirt testete aus: „Du hast im Urlaub auf der Toilette Duftstoff eingeatmet". „Nein, ich war nie in einer Toilette mit Duftsstoffen". „Dann hast du vielleicht verbrannte Kunststoffe eingeatmet" (Man kennt das als Laie: Dioxine, Furane und so) „Nein, ich habe keine Schwelbrand erlebt". „Dann hast du verdorbenes Brot gegessen". „Ach ja, das stimmt!" Alle waren glücklich, nachdem

Albert einfach der Harmonie willen gelogen hatte, denn im Urlaub gab es immer nur ultrafrisches Baguette. Die Sekretärin, auch treueste Verehrerin des Meisters, fand aber noch mehr Böses. Im Büro: „Albert, ich kann hier nicht arbeiten. Irgendetwas ist anders. Ist hier etwas Verchromtes? (Chrom=bä)" Nein, das war nirgends zu finden. „Nimm doch einmal den Tacker. Der deutet auf mich. Ich spüre die Schwingung". Albert drehte den Tacker um 90 Grad. Die Sekretärin atmete auf. Einmal kam auch seine Frau wegen einer starken Belastung in die Praxis. Es stellte sich heraus, dass sich im Garten des Hauses ein Flaschenverschluss aus PLASTIK lag. Na, da war ja alles klar. Weg damit und den Neurologen gespart.

Vor allem chronisch Kranke suchten den Wunderdoktor auf. Nach einhelliger Meinung selbst renommierter Internisten sind Krankheiten zu über 50 Prozent psychischen Ursprungs oder zumindest ist die Psyche an der Entstehung mit beteiligt. Wer an der Guru glaubte, wurde zu 50 %

gesund, die restlichen Patienten suchten neue Gurus, die gesundeten verbreiteten die Gute Nachricht. Kuhhirt konnte sich bald einen Maserati kaufen, natürlich nur, weil die von Hand aufgetragene Lackierung dieses Wagens endlich KEINE schlechten Schwingungen mehr hatte. Außerdem war die Beschleunigung göttlich.

Sechstes Leben: Amateur oder Animateur ?

Franz Lejeune und auch die Mutter fanden, die beste Therapie gegen Alberts Unerträgliche Leichtigkeit sei es, ihn in die Berufswelt eintauchen zu lassen. Zuerst versuchte er es als Lehrer, aber das ging gründlich daneben, weil ihm in diesem Stadium der Sinn des Rollenspiels Schule nicht recht aufgehen wollte. Nach einem Tag gab er schon auf. Etwas später fand er den Einstieg als Jugendsozialarbeiter. Das hatte zumindest tendenziell etwas mit dem Club Méditerranée (Poona) zu tun. Da ging es doch darum, jungen Menschen mit Spiel und Tanz, mit Gesprächen und Ausflügen die Zeit zu vertreiben, Menschen zueinander zu führen (na ja, meist führte der Weg für die jungen Paare nur bis hinter den nächsten Busch) anstatt dass sie vor dem Fernseher verdummten oder in dunklen Spelunken dem Alkohol frönten. Also legte Albert Platten auf, durfte sogar die neuesten kaufen, legte Colakartuschen nach, veranstaltete Yoga- und Gitarren, Batik- und Ätzdruckgruppen, paddelte mit Jugendlichen die Lahn hinunter und kletterte mit ebensolchen die Berge hoch, nüchterte Teenager aus und spielte „Blowing in the wind", bis ihm die Fingerkuppen weh taten. Seine damalige Freundin verließ um 6.30 Uhr die Wohnung und kehrte gegen 16 Uhr zurück, während Albert um 14 Uhr gen Jugendzentrum zog und um 22 Uhr zurückkehrte. So ergab sich ein harmonisches Nebeneinander, weil sich eine Verwaltungsbeamtin mit einem nichtvorhandenen Jugendsozialarbeiter nicht streiten kann, es sei denn, sie sehen sich ausnahmsweise, dann aber gründlich. Dann jedoch flüchteten die zahllosen Spinnen aus der Souterrain-Wohnung, denn sie konnten nicht einschätzen, ob das Gebrüll und die umherfliegenden Geschirrteile ihnen galten. Für Albert war Lisa in dieser Zeit eine prima Partnerin, denn sie war bodenständig bis zum Abwinken. Sie war zwar nicht an ihm interessiert, weil sie nur auf die Rückkehr ihres Ex- natürlich auch eines Verwaltungsbeamten- wartete, den sie wegen eines Fremdgehgangs hinausgeworfen hatte, aber Albert war als Interimspartner trotzdem gerne gesehen. Während sie ständig putzte und kochte, sich für seinen esoterischen Kram keinen Deut interessierte, war sie die ideale Realitätsspiegelung, sozusagen die fleischgewordene Spießigkeit, nach der Albert ständig auf der Suche war. Nur abends schlich er sich dann auf einen Spaziergang und pinkelte als Zeichen seiner Freiheit ausführlich in die Parkanlagen. Ansonsten half er fleißig mit dem Brotbacken, Kosmetikkaufen, er schaute sogar Unterhaltungsshows im Fernsehen an. Einmal war es wieder kalt geworden, unerträglich kalt in der Kellerwohnung, obwohl sie bullig warm geheizt war, es war einfach kein Platz für zwei so unterschiedliche Menschen. Die Verwaltungsbeamter hatte kurzentschlossen einen Solourlaub auf Malta gebucht, natürlich um sich heimlich mit dem EX zu treffen. Ebenso spontan kaufte sich Albert ein Flugticket nach San Francisco. Die Entscheidung war unüberlegt. Bald würden Schneestürme einsetzen und die Sierra Nevada sowie die Rockys in unüberwindliche Schneebarrieren verwandeln. Sein Ziel war ziemlich vage. Kalifornien, das Land des Strandes und der Sonne, der Beach Boys und der Golden Gate Brücke. Albert wollte seine Tante besuchen, die ihn das letzte Mal vor 30 Jahren als Kind gesehen hatte. Er wollte das Land kennenlernen, dessen Naturschönheiten unvergleichlich waren, in dem es nach der Lektüre von Jakob Holdt Menschen in sagenhaftem Reichtum gab, aber auch andere, die sich vom Lehm ernährten. Die ersten Bewohner, die Albert – mit Ausnahme der Zollbeamten (ja, er hatte Geld, nein, er hatte keine Feuerwaffen und keine WURST dabei) – begegnete, waren drei Prostituierte. Als er mitten in der Nacht, den schweren Koffer unter dem Arm durch die Stadt Frisco schlich, boten sie ihm günstig ein warmes Bett an, er wollte jedoch von den drei Schönen nur wissen, wo ein preiswertes Hotel war. Das Hotel, das sie ihm empfahlen, war wahrscheinlich dasselbe, in das sie ihre Freier mitnahmen, aber immerhin ein Hotel. Am nächsten Morgen rief er den Operator an, in Deutschland hätte man früher „das Fräulein vom Amt" gesagt. Hier gab es das noch, einen Menschen aus Fleisch und Blut. Er suchte die Telefonnummer seiner Tante, einer Frau Kuhn. „I (nicht we)' ll call you back in a few minutes", versicherte der Operator. Es klingelte tatsächlich nach zehn Minuten. In weitem Umkreis gab es keine Frau Kuhn, jedoch in San Carlos, das war für amerikanische Verhältnisse ein Vorort, für deutsche waren es 60 km Entfernung. Albert war platt bei so viel freundlicher Dienstleistung. In Deutschland wurden die Kassiererinnen meist patzig, wenn es nicht schnell genug ging. Hier half jemand bereitwillig! Im Bus gleich das andere Amerika. Der Busfahrer konnte kein Geld entgegennehmen, weil er keines hatte. Logisch. Albert hätte ja auch mit einem in den USA gebräuchlichen Revolver einsteigen können. Jedenfalls gab es eine mit Plexiglas abgedeckte Schale, in die er das Geld einwerfen musste; nach Sichtkontrolle rutschte es in einen Tresor. Auch die Tante schien etwas überängstlich. Sie hatte zwei Sicherheitstüren vor ihrer Tür. Sie öffnete Albert die erste und betrachtete Foto und Papiere, machte ihm jedoch nicht auf. Er war ja auch nicht angekündigt. Schließlich erkannte sie doch sein Gesicht wieder. Schließlich wurde er doch in das behagliche Bungalow gelassen. Alle Bungalows waren ausgesprochen hübsch. Jedes Haus schien von einem anderen Architekten entworfen zu sein, keine zwei glichen sich. Manche hatten eine Veranda wie die Bonanza-Ranch, andere hatten Türmchen, wieder andere hatten Fenster mit Tiffany-Glas. Tante Kuhns Häuschen hatte wie alle einen Garten, in dem im Dezember Orangen und Zitronen am Baum hingen. Aber, so erzählte sie, jedes Jahr gäbe es 400 Raubüberfälle, und das in einer Kleinstadt mit 30.000 Einwohnern. Die Einsamkeit der

Menschen war spürbar. Tante Kuhn hatte glücklicherweise jemand, der sie im Auto zum nächsten Supermarkt mitnahm. Ohne Auto war man hier verloren, Albert hatte seinen Koffer zwei Kilometer weit von der Bushaltestelle tragen müssen. Als Ausgleich für die lähmende Kriminalität waren die Menschen hier unglaublich aufgeschossen, vielleicht auch weil Albert als Urlauber weniger eine Gefahr darstellte. Schon im Bus war er mit den unterschiedlichsten Menschen ins Gespräch gekommen und sie erzählten ihm von der Familie, von Scheidungen und Einkommen, von Herkunft und von Träumen. Alles war etwas einfacher, weil eben jeder mit „you" angesprochen werden konnte. Tante Sophie war witzigerweise in Bruchhausen geboren. Dafür verwöhnte sie ihn dann mit Gummibrötchen, salziger Butter und Orangenmarmelade, Kaffee und Erdnussbutter. Er bekam einen Morgenmantel ihres verstorbenen Mannes geschenkt und durfte auf der Couch schlafen. Tante Kuhn schwärmte für Ronald

Reagan und die Republikaner, aber sonst gab es keine schlechten Schwingungen, auch ein Erdbeben blieb aus, was ja in San Francisco nicht selten ist. Nach der Besichtigung DER Stadt („wear some flowers in your hair!"), nach soviel Bemuttern, war Albert reif für New York. Von dort wollte er den Rückflug antreten. 5000 Kilometer fliegt man in den USA immer, ein Klacks von der Westcoast zum Big Apple, es sei denn, Weihnachten steht vor der Tür. Kein Flug, aber die Grey Hound Busse fahren ja immer. Drei Tag Busfahrt, das klang interessant. Endlose abgemähte Felder passierten sie, in kleinen Nestern fanden kurze Rastpausen statt, wieder liegen viele Gespräche : "How did you like Las Vegas?" Ja, Albert leikte es sehr. Er schlief ein und träumte von Simon and Garfunkel Song „America". Da waren doch auch zwei auf der Suche nach dem eigentliche Amerika. Würde er es in New York finden?

Im Dezember sah N.Y. anders aus als in den Spielfilmen, in denen die geschäftstüchtigen

Helden in einem Lotus vor ihren stahlglänzenden Büros vorfuhren, von rotgekleideten Negern mit dem Schirm zum Portal gebracht wurden und Sekretärinnen mit blondem, wehenden Haar ständig riefen:" Mister Fairbanks, ein Gespräch für Sie. Soll ich durchstellen?" Dann setzten sich die Helden mit den markigen, sonnengebräunten Gesichtern auf die Tischkante, denn es war ein privates Gespäch. „Hallo Liebling (passt immmer, egal ob Freundin oder Frau), ja es wird etwas später. Ich habe gerade noch eine Besprechung mit ..." usw.

Als Albert aus dem Greyhound stieg, blies ein eiskalter Wind durch die Straßenschluchten von Manhattan. Er spähte in die silbernen Auslagen der Juwelierläden mit ihren Netsuke Preziosen. Er schlich sich an Türstehern vorbei in Metropolitan Museum, weil er kein Geld für den Eintritt hatte, er wärmte sich in einer öffentliche Bibliothek auf und lebte den ganzen Tag vom reichhaltigen und preiswerten Frühstück in einer Kellerbar:

Kaffee, Orange juice, scambled eggs, toasts. Die billigste Residenz war das YMCA, in dem zwar keine Studenten, dafür aber eine Unmenge verkrachter Existenzen morgens in der Gemeinschaftsdusche zusammentraf. Ibrahim, mit dem er mehrmals ausging (ausging, ha, ha, ein Kaffee in Coffee-Shop), wollte auch ein Green-Card bekommen, nur hatte er noch keine Amerikanerin dafür gefunden. Auf dem Heimweg trafen sie Obdachlose, die, zugedeckt mit Kartons und Zeitungen auf den wärmenden Abzugsschächten der U-Bahn schliefen, während sich leise der Schnee auf New York senkte. Es weihnachtete heftig und Albert bekam Sehnsucht nach einem richtigen Weihnachtsgottesdienst, wenn es schon keine Feier im Kreis der Lieben werden sollte. By the way, wie ging es wohl Lisa in Malta? Also machte er sich auf die Suche. Selbst in Manhattan, bei den astronomischen Grundstückspreisen, gab es eine Kirche. Leider war sie ringsum von einer Kette von Polizisten abgesperrt. Nur wer eine Einladung vorweisen konnte, durfte zum Weihnachtsgottesdienst. Ständig hielten die Cryslers und Cadillacs, die Mercedes und Porsches vor der Tür und es gab sie wirklich, die Menschen aus obiger fiktiver Schilderung entstiegen in schwarzem Anzug bzw. in Stola oder Pelzmantel und wurden von ihren Chauffeuren mit dem Schirm zum Portal geleitet. Das war also Amerika. Ein ungestörter Privatgottesdienst für die Reichen und Schönen. Albert fand noch eine kleine, etwas schäbigere Kirche, in der dann alle herein durften, sogar gelbe und schwarze Menschen. Zum Schluss schüttelten sich die jeweils Umstehenden die Hände und wünschten sich „Happy Christmas!". Na also. Irgendwie hatte er die falschen Leute kennen gelernt. Erst auf dem Heimflug saß er neben einer amerikanischen Studentin japanisch-chinesischer Herkunft. Sie HATTE, dem Vater sei Dank, einen Studienplatz in Biochemie an einer Privatuniversität und ein Apartment in Manhattan. So ein 100 m² Apartment kostete übrigens ein Million Dollar, verriet sie ihm. In Amerika lag eben alles ziemlich nahe beisammen, reiche Apartments und die Bronx, Nerzstolas und Erfrierende, ängstliche Manager und aggressive Arme, Geistergestörte und freundliche, offene Menschen. Albert rückte etwas näher an Ly-Yun heran und blickte an ihren schwarzglänzenden glatten Haaren entlang durch die Luke des Flugzeugs auf den Kennedy-Flughafen. Zugluft und Schneematsch lagen hinter ihm.

Alberts zweite Entertainer-Stelle führte ihn in einen Keller, weswegen er dann auch eine neue Freundin suchte, die eine Wohnung ÜBER der Erde hatte. Nicht nur das, sie war auch ein emotionaler, offener, freundlicher Mensch , hübsch außerdem. Er sollte bei ihr bleiben. In dem Jugendraum, den die Landgemeinde neben einer Eislaufhalle aus einer Abstellkammer errichtet hatte, sozusagen ein Kompromiss zwischen ungeliebter Jugend und Abschreibung eines überflüssigen Annexes eines ebenso überflüssigen Renommierbaus, hatten die Jugendlichen in Eigenarbeit eine hübsche

Theke in Form ähnlich wie in eine Besenwirtschaft gestaltet, im Hauptraum imponierten Sperrmüllmöbel und eine Tischtennisplatte, ach ja, eine Toilette gab es auch. Hier fanden erstmals echte kreative Angebote statt. Schnurlampen wurden geklebt, dass der Kleister nur so tropfte, Drucke in Ätztechnik, Freundschaftsbänder geknüpft, eine Theatergruppe entstand und nach Yoga gab es sogar eine riesige Nachfrage. Die große Zeit der amerikanischen Protestsongs war angebrochen. Mit „Eve of destruction" oder auch mit Hannes Waader - Lieder ließ sich ein Blumentopf gewinnen. Die Chefin war eine gute Organisatorin und Gesprächspartnerin der Jugendlichen und einen Vorzeige-Problemfall, einen echten Punker, gab es auch. Ansonsten waren es lauter brave Mittelschichtkinder. Nur ein einziges Mal gab es einen problematischen Vorfall. Eines Nachmittags, als der Zweitsozialarbeiter Albert die Tür zum Kellergelass öffnete, traute er seinen Augen nicht. Zuerst dachte er, eine neuerliche

Umgestaltungsaktion habe am Vorabend stattgefunden. Die Wände waren erstmals weiß, auch die Decke, aber nicht nur das hatte sich verändert. Auch die Polster, die Bar, die Teppiche, die Lampen. Als er sah, dass auch jede einzelne Bierflasche weiß war, kam er darauf, dass jemand das Schloss geknackt hatte und mit dem Feuerlöscher eine weißen Schleier über den Jugendraum gelegt hatte. Einmal wurde ein Punkabend ausgeschrieben und aus dem Umkreis von 50 Kilometer kamen sie an. Es war auch nicht schlimmer als das Aufräumen nach diesem Desaster in Weiß. Eine Woche musste jeweils geputzt werden. Beides wiederholte sich nicht. Albert kapierte immer noch nicht, wozu Jugendsozialarbeit eigentlich gut sein sollte, außer, dass man Spaß zusammen hatte, aber immerhin begann er nebenbei Diplom-Pädagogik in Marburg zu studieren. Vielleicht würde ihm das weiter helfen. Freitags morgens fuhr es los und montagnachts zurück. Das musste reichen, reichte auch. Als er schließlich mit dem Studium fertig war, wusste er es zwar immer noch nicht, war aber dafür Sonderschullehrer und Diplom-Pädagoge und das sah doch recht gut aus auf der Visitenkarte. Damit wurde er stellvertretender Leiter eines mittelgroßen Stadtjugendringes einer renommierten badischen Gemeinde. Es gab eine Leiterin, eine Sekretärin, einen Geschäftsführer für das Jugendwerk und die Buchhaltung, einige Erzieherinnen, Teambesprechungen und Kaffee, vor allem ein eigener Schreibtisch MIT Telefon. Dann gab es noch einige Zivis, die sich durch etwas Druck ab und zu von ihren Hobbys (Musik, Autos, Mädchen) ablenken ließen und dann bereit waren, auch etwas zu arbeiten. Das weitläufige Anwesen beherbergte auch eine Jugendmusikschule, so dass es nicht leicht war, die sozialen Helfer ausfindig zu machen. Dafür waren die Dienstbesprechungen mit der charmanten Dienststellenleiterin bei Kaffee und Kuchen sehr angenehm, es wurde über konkrete Probleme gesprochen und Ideen ausgebrütet. Der Vorstand, der aus einigen halbwüchsigen Vertretern der Vereine bestand, hatte keine Ahnung vom Geschäft und mischte sich auch nicht in die Arbeit ein. Albert hatte erstmals ein Dienstfahrzeug, eine schwarzen BMW der 5-er Klasse, Quatsch, eine Vespa mit 40 km/h Höchstgeschwindigkeit. Auf ihr konnte er Bastelmaterial für die beiden Jugendtreffs besorgen, die er zu betreuen hatte. Außerdem war er zuständig für Kultur. Das war DAS Highlight. Mit einem Etat von 10.000 DM + Einnahmen aus dem Kartenverkauf durfte er Zauberer und Harfenisten engagieren, Newcomer – Festivals arrangieren, Konzerte in Hardrock und unplugged-ten Gitarren vorbereiten. Täglich kamen Demobänder ins Haus, der Südwestfunk schenkte kartonweise Schallplatten. Zum ersten Mal wurde Albert klar: „Ein hartes Brot, das Künstlertum". Wie viele Künstler versuchten es, im Radio gesendet zu werden, und wie viele bekamen nie eine Chance. Es gab viel Ramsch, aber auch ausgezeichnete Bands, deren Namen nie auf den Litfasssäulen Auftritte in großen Stadien angekündigt werden würden, die aber so neuartige Musik machten, dass sie viele erfolgreiche in den Schatten stellten. Manchmal bekam er mit, dass eine perfekte Komposition an eine arrivierte Band für einen Spottpreis verkauft wurde, weil die Band selbst damit nie durchgedrungen wäre. In den USA wurden sogar Fernsehmacher und Programmgestalter des Rundfunks bestochen, damit sie Michael Jackson spielten. Der Markt für Kulturelles war hochkarätig und überbesetzt.

Das zweite Highlight waren die Jugendfreizeiten. Mit Jugendlichen von 10 – 16 Jahren nach Istrien ans Meer zu fahren, war schon seit langem beim Stadtjugendring üblich. Leider haben Jugendliche in den Ferien die Angewohnheit, ihre schlechte Erziehung zur Schau zu stellen, vor allem Jungs aus der ortsansässigen Oberschicht. „Mein Vater fliegt morgens mit dem Hubschrauber zur Arbeit!" Gleich morgens fingen diese Schnösel an, sich vor dem Müsli ein Bier hinter die Binde zu kippen, bevor sie sich wieder zu Bett legten und schließlich zum Mittagessen verkatert aus den Betten krochen. Einmal riss Albert als dem Leiter der Geduldsfaden und warf die Lautsprecherboxen der 100 Watt-Ghettoblasters in die Büsche, nachdem trotz Ermahnung durch die Campingaufsicht „Ihr könnt abreisen, wenn nicht sofort Ruhe ist!" die Jungs weiter die Bässe brummen ließen. Ansonsten lief alles reibungslos, als man ihnen den frühzeitigen Heimtransport in Aussicht gestellt hatte. Immerhin hatten sie das Taschengeld der Eltern in Höhe von 500 DM für zwei Wochen – so viel kostete die ganze Freizeit, all inclusive – noch nicht aufgebraucht.

Die Mitstreiter sammelten lustig Kassenbons aus dem Supermarkt und klebten sie ins Belegbuch und Albert schrieb fleißig „Lebensmittel". Statt noch mehr Essen zu kaufen, wurden dafür Segelboote geliehen und jeder Jugendliche lernte etwas segeln. Das war in der Kalkulation nicht vorgesehen gewesen, aber alle hatten Spaß daran.

Nach der Rückkehr entdeckte der Geschäftsführer ein Defizit von 20 Pfennig, das buchhalterisch nicht auszugleichen war, weil die Gegenbuchung fehlte. Einfach 20 Pfennig in die Kasse legen ging nicht. Eine Stunde knobelten Albert und der akkurate Geschäftsführer, wie das Problem zu lösen sei. Wenn der gewusst hätte? Nie wäre Albert auch die Idee gekommen, dass ER einmal Buchhaltung lernen würde. Irgendwann war es trotzdem so weit, dass er sich fragte, ob er mit Vierzig noch in einem Jugendzentrum stehen wollte, ständig bestrebt, die Sprache der Jugendlichen zu imitieren, ihre Scherze lustig zu finden. Die Frage war mit NEIN zu beantworten. Er wollte nicht mehr mit Azubis Karten spielen, er wollte die Wettfahrten von Ford Capri gegen Mantas nicht mehr anschauen, während er selbst einen altersschwachen Peugeot 204 fuhr. Sein Leben musste endlich eine Wende in die Leistungsgesellschaft nehmen.

Zuerst wurde er im Auftrag des Arbeitsamtes untersucht, Patellarsehnenreflex O.K. visus 1.0, Hörvermögen gut, Kondition mäßig. Also die volle Palette durchgecheckt. „Können sie mit einem Computer umgehen?", wurde er gefragt. „Nein". Könnten sie sich das vorstellen?" Natürlich konnte er. Er war schon immer phantasiebegabt. „Haben sie schon einmal ein Lötgerät in der Hand gehabt?" „Ja." Also durfte er sich am Aufbau von Relais und am Bestücken von Leiterplatten üben. „Maschinenbau?" „Was ist das?" „Können sie feilen?" „Denke ja". Bald durfte er aus vorgefertigten Bauteilen eine Pumpe herstellen. Am Ende waren die Prüfer so schlau wie zuvor. Albert wusste nur, dass Computer keinen Schmutz machten. Also durfte er Buchhaltungsprogramme bedienen. „Kann ich da etwas falsch machen?", fragte Albert den Herrn im grünen Jackett. „Nein", probieren sie einfach aus. Albert brachte das Programm innerhalb von 10 Minuten zum Absturz. Damit war klar, dass er Informatiker werden musste. Am besten noch mit etwas Kenntnis aus der Wirtschaft, also Buchhaltung, Kostenrechnung, Bilanzierung, Wirtschaftslehre und Finanzmathematik. Also sollte er Wirtschaftsinformatiker werden. In einem ehemaligen Fabrikgebäude wurde er mit einem Duzend anderen Pädagogen von Informatikern unterrichtet, die von Pädagogik keine Ahnung hatten. Das war prima, denn so konnte man sich auf die Denke späterer Kollegen vorbereiten und außerdem machte es den Pädagogen große Freunde, den Informatikern didaktische Mängel nachzuweisen. Historisch gewachsene und völlig sinnlose Computersprachen wie Cobol und Dbase wurden eifrig vermittelt. „Add A to B" war wirklich unmissverständlich. Auch Buchhaltung war einleuchtend und da alles doppelt gebucht wurde (Deutsches System), konnte man eigentlich auch nichts vergessen. Wenn links in der Bilanz sich etwas bewegte, musste auch rechts etwas passieren. Eigentlich ganz einfach. Vergessen konnte man höchstens das Fach, denn gebucht wurde inzwischen schon per Computerprogramm. Auch Volkswirtschaft war neckisch. Der Dozent, Tobi genannt wegen seiner Tobinambur-Fahne, war ständig guter Laune. Er erzählte lustige Anekdoten über US-amerikanische Rentenversicherungen und deren Einfluss auf Aktienkurse, wie man Bilanzen erstellte und sie frisierte. Im Nebenzimmer wurden Bundeswehrsoldaten für das Leben ohne Gewehr umgeschult. Sie liefen nicht nur ständig in Uniformhemden herum, sie löschten auch ständig etwas von den Festplatten, wenn sie den gemeinsamen Computerraum nutzten. Das schrie nach Rache. Albert schrieb ein Batch-File, das einen Systemabsturz simulierte. Das verzweifelte Geheul im Nebenzimmer war ihm Belohnung genug. Zum Abschluss der zweijährigen Ausbildung erhielt Albert eine Stelle als EDV-Leiter in einem amerikanischen Pharmakonzern. Biotek lieferte Laborreagenzien, Serum und Enzyme, die DNS-Schleifen aufknacken konnten. Deshalb durfte man an manchen

Stellen des Lagers nicht zu stark einatmen. Der Firma tat es aber gut: Sie erwirtschaftete 1.000.000 DM Umsatz je Mitarbeiter in Deutschland. Das kann man allerdings nur, wenn man den Mitarbeitern nur den deutschen gesetzlichen Mindesturlaub (den gibt es wirklich) zugesteht und ein minimales Grundgehalt mit provisionsgesteuerter Zulage zahlt. Bei einer durchschnittlichen Wochenarbeitszeit von 60 Stunden (ohne Bezahlung der Überstunden) kam Albert, das zu berechnen hatte er gelernt, immerhin, auf einen Stundenlohn, der dem einer Putzfrau entsprach. Der Break-even-Point war damit unterschritten. Das ging auch anderen Mitarbeitern so, sofern sie nicht über 40 waren und keine Alternativen hatten. Alle 14 Tage musste man sich an mindestens eine/n neue/n Mitarbeiter/in gewöhnen. Der einzige, der ständig gute Laune hatte, war der Betriebsleiter, der war am Umsatz beteiligt. Am meisten Freude hatte wohl ein amerikanischer Jude, dem die börsennotierte Weltfirma gehörte. Einmal hätte sich aber auch dieser Herr Nagel geärgert, wenn er erfahren hätte, wie eine Konferenz der EDV-Leiter aus Birmingham, Paris und Karlsruhe ablief. Nachdem alle mit dem Flugzeug via Gatwick nach Birmingham angereist waren und im Hotel übernachtet hatten, trafen sie sich im großen Arbeitszimmer neben dem des Chefs der Europäischen Sektion. Eine halbe Stunde lang durfte über das Bestellsystem diskutiert werden, obwohl klar war, dass die Birminghamer keine Lust hatten, etwas Neues zu programmieren. Dann betrat der Oberdruide persönlich ein und verkündigte, er brauche diesen Sitzungsraum jetzt für eine andere Besprechung. Damit war die internationale Konferenz beendet. Also musste Albert jeden Abend wieder die Lieferscheine und Rechnung (immer gleichzeitig= Cashflow) ausdrucken lassen. Die Eingabeprogramm war aber so dümmlich, dass jeder falsche Tastendruck unweigerlich zum Neustart des Programms führte. Somit verrannen die Stunden. Schließlich ertrug Albert dies nicht länger und warf das Handtuch. Nun arbeitete er als freischwebender Dozent, erklärte Sekretärinnen die kryptischen Befehle von „Word", Sacharbeitern „Excel" und „Lotus 1-2-3", trank Kaffee und ging mit Kursteilnehmern in Frankfurt und Stuttgart, in Basel und in Karlsruhe auf Firmenkosten essen. Einmal versuchte er es noch mit einer Festanstellung als Dozent. Die Firma Russler war auch nicht schlecht organisiert. Der Firmenleiter" Ich bin der Bernd!" lies sich die Personalkosten vom Arbeitsamt als Einarbeitungszuschuss bezahlen und feuerte dann fristgenau seine Leute. (sogenannte Kostenminimierung). Den Anlass bot eine Weiterbildungsveranstaltung mit nur zwei Teilnehmern, was eigentlich recht harmlos klang. Nur, die beiden Teilnehmer waren der EDV-Chef einer Firma und ein schwerhöriger Mitarbeiter der Firma, der außerdem ein blutiger Anfänger war. Also rief Albert, immer lauter werdend: "Drücken sie die TAB-Taste!" Von links: „Ja, und jetzt?" Von rechts :"Welche TAB-Taste?" Albert, noch lauter: „Das ist die Taste mit den zwei Pfeilen?" Von links: „Wieso soll ich mich beeilen, ich hab doch schon die TAB-Taste gedrückt, SIE sollte ein bisschen mehr voran machen, schließlich ist das eine teure Schulung. Könnten sie nichts über die absolute Adressierung erzählen?". Von rechts: „Ich habe die Taste gefunden, vielen Dank. Was kommt jetzt?" Albert, nach links: „Das kommt nach der Mittagspause." Von links: „Ich habe gerade Mittagspause gehört...".Albert, nach links: „Nein, Mittagspause haben wir noch nicht". usw. Jedenfalls war die Schulung ein Desaster. Albert hatte sein Bestes gegeben. Am nächsten Tag, als er gerade seinen Mantel an der Garderobe aufhängen wollte, sagte ihm Herr Russler, er könne den Mantel gleich anbehalten, er sei gefeuert.

Andere Firmen waren da etwas kulanter. Der Elektrokonzern Suma war eine der wenigen, natürlich GROSSEN Firmen, die sich für manche Mitarbeitergruppen ein Dolce far niente leisten konnten. Suma erlaubte Albert vor seiner Ausbildung, ein halber Jahr kostenlos für sie zu arbeiten. Der

Praktikant durfte Cash-Flow-Tabellen erstellen und Umsatzerwartungen der einzelnen Konzernbereiche saldieren, so dass sie dem Vorstand mundgerecht serviert werden konnten. Die Dateneingabe war hier wesentlich komfortabler als bei Biotek, wenn es gab eine Menge fähiger Programmierer. Nachdem ein Programmierer drei Monate an dem neuen Programm gesessen hatte, wurde es jedoch wieder ad actas gelegt, weil den Herren Abteilungsleitern zu viele Nullen auf den Blättern ablenkend erschienen. Sie hatten sich schon seit Jahren an das alte Programm GEWÖHNT. Bei Suma konnte man sich an vieles gewöhnen, z.B. dass die Firma sozusagen ein Monopol auf Signalanlagen hatte, die völlig überteuert an die öffentliche Hand verkauft wurden. Oder, dass Atomkraftwerke fleißig weiter gebaut wurden, weil Suma die Steuerungsanlagen lieferte. Oder, dass die Firma so reich war, dass sie aus ihren Bilanzrückstellungen den weltweiten Kunden sogar Kredite geben konnte, damit diese ihre Bestellungen bei

Suma bezahlen konnten. Außerdem waren die Geschäfte natürlich über staatliche Hermesbürgschaften abgesichert. Den Grundstock zu diesem Reichtum hatte übrigens die Regierung Kohl gelegt, als sie die Bilanzrichtlinien so geändert hatte, dass Rückstellungen für Betriebsrenten steuerfrei waren. Aber das waren nebensächlich, politische Beobachtungen eben. Einmal sollte Albert ein Programm schreiben, das die Bestellungen für Schaltschränke mit den Kapazitäten abgleichen sollte. Nach viel Mühe gelang es ihm, er musste jedoch feststellen, dass ständig zu viele Aufträge angenommen wurden. Der Abteilungsleiter war zwar über das Ergebnis verblüfft, aber es war nicht weiter wichtig, denn für Suma-Kunden schienen lange Wartezeiten selbstverständlich zu sein. In der freien Wirtschaft kam es offensichtlich darauf an, Macht und Geld zu haben, dann konnte man sich alles erlauben.

Auch ein Leben: Les jeux sont faits oder erste Begegnung mit dem Tod : Tochter Céline

Der Gang war trübe beleuchtet und Albert stand schon eine halbe Stunde angelehnt an die lindgrüne Wand. Zwanzig Minuten, hatten die Ärzte gesagt, ginge der Kaiserschnitt es sei also nicht nötig, deswegen extra hei der Operation zuzuschauen. Die Zeit blieb stehen und meine Beine wurden schwächer. Nirgends ein Stuhl und ich wollte auch nicht sitzen, es konnte sich ja nur noch um Minuten handeln bis seine Frau aus dem OP gebracht würde. Ein Routineeingriff das Kind sei normal groß, nur das zu kleine Becken seiner Frau erlaube keine normale Geburt. Die Uhr will nicht weiter gehen. Ihm wird übel. Es ist schon über 45 Minuten her, seit sie im OP ist. Etwas geht schief, schreit seine Angst in ihm, bleib ruhig sagt sein Verstand, Es ist niemand da der dir berichten würde, was dort drinnen vor sich geht. Er konnte mich ohrfeigen, weil er sich aber abwimmeln liess. Nach der letzten Geburt hatte seine Frau Kindbettfieber, eine Krankheit aus dem Mittelalter und sie wäre um ein Haar gestorben. Erst das vierte Antibiotikum schlug bei ihr an. Da soll er nicht durchdrehen. Man kann den OP nicht einsehen. Nur der trübe Gang und er. Ab und zu tritt eine Hebamme in den Aufwachraum, sieht ihn und entfernt sich ohne ihn zu fragen, was er hier mache oder ihm etwas über den Fortgang des Eingriffs zu berichten. Endlich, nach über einer Stunde, taucht ein Arzt aus dem Dunkel des Ganges jenseits der Sepsiswand, auf. Er tritt an der Tür, aber nicht an ihn heran. Er will nicht. Er teilt ihm aus vier Metern Entfernung mit, dass es Komplikationen gegeben hätte. seiner Frau gehe es gut, aber das Kind habe Schwierigkeiten bei der Atmung". Das Kind, ein Mädchen, müsse gleich mit dem Notarztwagen in die Kinderklinik. Ach ja, es habe ein Klumpfüßchen. Mit diesem netten Euphemismus von den Lippen dreht er sich auf der Fußsohle, streicht sich die Haare glatt und eilt nach Hause. Er weiß nicht einmal, mit wem er gesprochen hat.

Als seine Frau aus dem OP gerollt wird, wimmert sie trotz der noch wirksamen Narkose. Sie wird über eine höhenverstellbare, metallene Trage aus dem Sepsisbereich durch eine Art Fenster auf ein Bett übertragen. Der Sinn dieser schmerzhaften Prozedur bleibt ihm rätselhaft. Endlich hat er wenigstens seine Frau wieder. Kurze Zeit später erwacht sie, ist Immer noch im Durchgangssyndrom, ist ängstlich, überempfindlich. Sie fragt nach Ihrem Kind, will es wie jede Frau auf Ihrem Körper spüren. Er will erst einmal sagen, dass es zur Beatmung in die Kinderklinik gekommen sei. Die Ärztin, die zusammen mit einer Hebamme zu uns gestoßen ist, sagt es etwas Feinfühliger: Ihre Tochter hat ein Atemproblem. Es kann sein, dass sie stirbt. Er möchte sie gerne ohrfeigen wegen so viel Feingefühl, läßt es aber mit Rücksicht auf ihre noch nicht abgeschlossene Facharztausbildung.

Bevor seine tränenüberströmte Frau etwas zum Schlafen gespritzt bekommt, verspricht er ihr noch in die Kinderklinik zu fahren und zu fragen, was eigentlich los sei, wenn ihnen hier schon niemand etwas Konkretes sagen wolle oder könne. In der Kinderklinik darf er lange warten, niemand ist da, der Bescheid weiß. Nur das Kind ist da im Inkubator (Wärmebett meist mit künstlicher Beatmung gekoppelt). Die Krankenschwester schießt nur freundlicherweise ein Polaroidphoto. Damit fährt er mitten in der Nacht noch einmal zurück in die Frauenklinik und gibt es meiner Frau. Wenigstens ein Bild.

Dieses Warten sollte noch lange dauern. Bis die Auswirkungen des Kaiserschnitts sich einigermaßen gelegt haben, vergehen Tage. Am Ende darf seine Frau, natürlich auf eigenes Risiko, Celine, das Neugeborene, sehen. So soll sie heißen. Inzwischen wird diagnostiziert und vermutet. Das Kind hat ein etwas zurückspringendes Kinn. Die Augen hätten ein merkwürdiges Aussehen, die Ohren auch etwas tief, der Nacken....ich verstehe. Dem Arzt gibt er zu verstehen, dass er an ein Turner-Syndrom nicht glaube, da seine Frau eine Amniozynthese habe durchführen lassen. Tatsächlich ergibt die Nachuntersuchung nichts. Keine Chromosomenstörung. Aber inzwischen hat der Oberarzt die entscheidende Störung festgestellt. Einen Herzfehler: Zwei Löcher zwischen den Kammern, die sich meist erst kurz vor der Geburt schließen und die bei mongoloiden Kindern häufig offen bleiben, sind nicht besonders schlimm, in Celines Fall sogar lebensrettend. Denn vor allem hat sie fast keine linke Herzhauptkammer und eine nicht angelegte Mitralklappe. Kinder mit einem reinen hypoplastischen Linksherzsyndrom leben meist keine vier Wochen.

Eine Zeit der Angst und der Hoffnung beginnt. Sie ist kein reiner Typ, sie wird vielleicht noch größer, man kann vielleicht operieren, man muss weiter untersuchen. Seine Frau wird entlassen und darf zu dem Kind. Großmütter dürfen durch die Scheiben in die Intensivabteilung schauen.

Ihr Kind wird beatmet, wird mit Handschühchen daran gehindert, sich die Sonde herauszureißen, die Besucher stören den nervös-stressigen Betrieb des Personals. Dauernd piepst irgendwo ein Monitor ein Oxyshuttle. Wirklich wie im Raumschiff. Die Schwestern und Ärzte reagieren stocksauer, wenn man in die Akten des eigenen Kindes zu lesen wagt. Einmal rastet Albert aus, beschimpft die Schwester, dass er sich vorkomme wie im Kindergarten, wo man unmündigen Kindern jeden Schritt verschreibt, während es draußen eine Welt der Demokratie gebe. Der Arzt wird geholt und will ihm eine Standpauke halten. Er gibt nach, damit nicht seine Tochter noch unter dem Streit zu leiden hat.

Seine Frau kommt nach einer Woche nach Hause. Celine ist immer noch im Krankenhaus. Tägliche Besuche. Pampers bei einem wunden Kinderpopo bringen uns zur Verzweiflung. Celine nimmt langsam zu, 2500 Gramm, aber fast hat sie schon einen Dekubitus, aber die Schwestern gehen nicht auf unsere Bitte nach Stoffwindeln ein.

Wichtiger ist es für die Ärzte, sagen diese, die Ausscheidung des Kindes messen zu können. Und dazu sind Pampers einfach günstiger. Und schneller, haben sie vergessen zu sagen. Die Schwestern sind freundlich. Nicht so gestresst hier auf der Frühgeborenenstation. Aber auch sie müssen tun, was die Ärzte verlangen.

Heute ist Celine tot. Nach drei Monaten Kampf um ihr Leben. Eigentlich war nach München schon alles klar. Die Spezialisten im Deutschen Herzzentrum rieten uns von einer experimentellen Operation ab, die das Leben unseres Kindes nur kurzfristig verlängern würde, aber es nicht retten könne. Wir sind verzweifelt, weil jetzt jede Hoffnung fehlt, aber auch erfreut, dass man endlich Klartext mit uns spricht, dass es Ärzte gibt, denen der Sinn bzw. Unsinn eines Eingriffs wichtiger ist als ihr wissenschaftlicher Ehrgeiz. Genügend Kinder die mehr Überlebenschancen haben, warten auf eine Operation. Es herrscht Mange: an Operationsteams, an Pflegepersonal. Zur Operation werden

Kinder auch nach Monaco geflogen, wo mehr Pflegepersonal vorhanden ist. Und das täglich.

Was können wir jetzt noch tun? Abwarten. bis der Tod unser Kind im Schlaf ereilt. In der Nacht schaut alle zwei Stunden eine Schwester zu ihm herein. Celine besuchen wir jeden Tag, meine Frau, die Großmütter. ich. Die Besuchsregelung wird auf der Normstation lockerer gehandhabt. Aber was ist das, vier- fünf Stunden eines Tages. Dieses Kind, ab und zu schon fängt der Monitor an zu gellen. Atemnot. Wann wird es sterben. Wenn wir gerade da sind?

Geschädigt ist es sowieso durch die vielen Fälle von Sauerstoffmangel. Das Herz kann es einfach nicht schaffen, obwohl sie so zäh am Leben hängt. Dieses Wesen, von dem wir nicht einmal wissen, wie viel sie schon wahrnimmt. Die klugen Stimmen in unserer Bekanntschaft warnen: Das Kind kennt gar nichts anderes als das Krankenhaus. Es leidet sicher nicht darunter. Die Besorgten warnen uns vor seelischer Überlastung, wenn wir es mit nach Hause nehmen wollten. Diejenigen, die den Tod nicht gerne sehen wollen, die ihn lieber fern von sich im Krankenhaus haben wollen, erschrecken zuerst über den Gedanken. Nur der Oberarzt S. legt uns keine Steine in den Weg. Wenn wir wollen, können wir alles haben, Monitor und Absauggerät, Spritzen und Medikamente. Selbst eine "Hilfe zur häuslichen Krankenpflege", bezahlt von der Krankenkasse, ist möglich, sofern wir eine ausgebildete Kinderkrankenschwester finden.

Und wir finden eine. Celine röchelt oft, sie lacht nie, aber sie trinkt, mit der Zeit sogar aus der Flasche, was die Ärzte für unmöglich hielten wegen der Hetzbelastung, Sie schaut sich um, sie fixiert nicht. Sie hört, dreht sich nach der Drehorgel in der Kuschelschnecke. Sie liegt in ihrer Wiege auf einem Fell. Unter einem gelben Tuch. Über ihr baumelt ein Holzkasper. Unsere andere Tochter, drei Jahre alt, freut sich über Celine, trägt sie, wenn wir es nicht sehen, heimlich auf die Matratze im Wohnzimmer.

Celine darf gebadet werden, Celine bekommt Windeln und unsere andere Tochter braucht nun natürlich auch wieder welche, obwohl sie diese längst abgelegt hatte. Celine wird geschaukelt und geküsst. Die Pflegerin unterstützt meine Frau beim „Sondieren" beim Wickeln mit Stoffwindeln, beim Spazieren gehen. Leicht könnten wir vergessen, dass sie todkrank war, todkrank ist, dass sie jeden Tag sterben kann. irgendwann sterben wird. Einige Leute wagen einen Besuch bei uns, unsicher erst. Das Kind ist goldig. Wie eine Puppe. So hilflos. Soll man weinen? Aber der Tod scheint sie vergessen zu haben, sie blüht auf, nimmt zu. Es ist ein Leben in unserer Wohnung. Celine ist zu Hause. Dann komme ich mit unserer anderen Tochter vom Kinderturnen nach Hause- Die Ärztin parkt gerade ein, bittet mich im Erdgeschoss zu bleiben. Mein Herz sinkt mir in die Hose, meine Beine werden schwach. Celine ist tot. Der leichte Husten hat ausgereicht, um ihrem Herz den Rest zu geben. Nur kurz bat sie gehustet, dann stand das Herz still. Kein

Schmerz. Kein Leid, Celine ist zu Hause gestorben. Wir werden sie noch einen Tag zu Hause behalten. 36 Stunden lang darf man das. Unsere andere Tochter erfährt, was tot heißt, ohne es zu begreifen, ohne unsere Trauer zu teilen Tod ist für sie ein langer Schlaf. Vielleicht ist es das. Auf jeden Fall ist es schön, sich langsam mit diesem neuen Zustand vertraut zu stachen, ihn nicht einfach zu verdrängen, indem man Tote wegschaffen lässt.

Oft noch habe ich sie im Arm, wärme die Tote, als ob das etwas hülfe, küsse sie, weine, schluchze. Aber immer noch ist sie da. Welch ein Trost. Dann ist es soweit. Der Bestattungsunternehmer holt sie in dem winzigen 80-Zentimeter Sarg ab. Nun ist sie fort, aber immer noch in der Leichenhalle erreichbar. Aber auch das endet. Sie wird beerdigt, und viele Freunde kommen. Der unerträgliche Schmerz des endgültigen Abschieds. Wozu ich das schreibe? Ich möchte andere Eltern dazu ermutigen, dem Tod in die Augen zu sehen, wenn sie es müssen. Es ist leichter so. Er wird wie ein

Freund. Er hat auch etwas für uns getan. Er hat unsere Tochter von ihren Herzschmerzen erlöst. Er hat uns offener für das Lehen gemacht, wieder gelehrt, was wichtig und was unwichtig ist, wer ein Freund ist und wer ein Schwätzer, was Liebe bedeutet und was Konsum.

Wir haben uns von Celine verabschiedet im Bewusstsein, mit ihr eine anstrengende aber eine schöne Zeit verbracht zu haben. Zum Abschied habe ich ihr noch ein paar Zeilen geschrieben, die ich hier wiedergeben möchte:

Kaum geboren, schon nieder verschwunden
aus diesem Leben
und dennoch
bleibst du ein wichtiger Teil
unseres Lebens
Celine
Woher kamst Du? Welche lange Reise
hattest Du hinter Dir
um für Augenblicke in unseren Armen zu

ruhen.
Wohin gehst Du,
wohin wir Dir jetzt nicht folgen wollen?
Celine
Unsere Herzen hoben alle Hoffnung
gesehen
dein Herz hat alle Schmerzen gekannt
so viele hilfreiche Hände
und dennoch
so viel Einsamkeit
Celine
werden wir Dich wiedersehen
dort wo alles blüht und lacht
oder
welch unerträglicher Gedanke
ist dies ein Abschied für immer
Celine
Der Tod ist nicht schmerzlich
für Dich
es ist eine Reise hin durch spiralige Nebel
zurück in das eine gewaltige Sein
wir sind es die trauern
um Dich
Celine

Siebtes Leben: Der schleichende Tod oder das Berufsbeamtentum

Albert wunderte sich. Im Verwaltungsgebäude, in dem sein Vater arbeitete und er einen Aushilfsjob bekommen hatte, wurden ständig Unterschränke geöffnet und wieder geschlossen. Einige seiner Vorgesetzten, also die, die ihm Arbeit gaben, hatten anscheinend wenig zu tun, zumindest wenn man die Stapel der Akten auf ihren Schreibtischen als Maßstab nahm. Sie öffneten die Akten, stempelten anscheinend immer an denselben Stellen, unterschrieben. Füllten Formulare aus, schoben sie auf dem Schreibtisch von links nach rechts, in die oberste Schublade und holten sie eine Weile später wieder heraus. Sie addierten mehrmals dieselben Zahlenkolonnen, so, als ob sie sich selbst nicht trauten. Eines späten Nachmittags, war Albert noch im Haus und nützte die Gunst der Stunde, um die Unterschränke zu öffnen. Darin lagen

Zigaretten, Marke Eckstein, damals das schärfste Kraut südlich von Flensburg, der eklige Geruch waberte aus den Gardienen. Daneben Bierflaschen(voll), Schnapsflachen (leer) und Cognacflaschen (angebrochen). Irgendwie bildeten die stupiden Arbeitsabläufe und diese Unterschränke ein harmonisches Miteinander. Albert war seinen direkten Vorgesetzten unangenehm aufgefallen, weil er sich bei seinen Sortieraufgaben mit den anderen Studenten/innen so an die Aktenschränke setzte, dass sie sich während der monotonen Arbeit unterhalten konnten. Sprechen war jedoch etwas, was zu viel Wohlbefinden ausdrückte in dieser deprimierenden Umgebung. Albert und seine Kolleginnen arbeiteten mehr als ihre Vorgesetzten, aber sie verstießen gegen ein unausgesprochenes Gesetz. Arbeit muss wie Arbeit aussehen, sie darf KEINE Freude machen. Dagegen waren die Simulation von Anstrengung und Leistung akzeptierte Verhaltensweisen. Bei dieser Aushilfstätigkeit erlernte Albert das Grundprinzip des hierarchischen

Beamtentums kennenlernen: Aktionismus und demonstrative Tätigkeit bei gleichzeitiger Belanglosigkeit des Ergebnisses. Der Corpsgeist verlangte, dass die Arbeit als Leiden präsentiert wurde, belohnt wurde der, der mit Eifer und Engstirnigkeit immer dasselbe tat, diesen Dingen aber möglichst immer neu Etiketten umhängte. Der Verwaltungsapparat verfügt zur Bekämpfung von Initiative an der Basis über ein ausgeklügeltes Bestrafungssystem, denn sog. Initiative, kostbar gepflegt in sog. Teamsitzungen und Ausschüssen, sind Privileg einer höheren Kaste, zu der nur der Zutritt bekommt, wer sich durch besonders kriecherisches Verhalten in Kombination mit dem richtigen Parteibuch und Vitamin B empfohlen hat. Ein Rektor, so sah Albert es einmal im Fernsehen, hatte sich in den neuen deutschen Ländern einmal schützend vor seine Schüler gestellt, als sie von Nazischlägern bedroht worden waren. Ihm wurden dabei einige Zähne gebrochen und er hatte eine Menge Unkosten für die Zahnbehandlung. Für sein Engagement wurde er jedoch weder gelobt noch befördert, sondern musste nur eine Unmenge Formulare über den Hergang des Dienstunfalls ausfüllen. Auch A. erhielt einmal, als auch er Beamter geworden war, ein Disziplinarverfahren angehängt. Es gab einen mehrfachen Briefwechsel, eine Anhörung. Mindestens sechs hochbezahlte Beamte des Oberschulamtes waren so lange mit Aktenstudium und unterschreiben beschäftigt, dass der daraus resultierende Personaleinsatz ein Vielfaches dessen kostete, was Albert wirklich nebenamtlich verdiente, nämlich 200 DM im Jahr. Besonders bedenklich dabei war, dass er nicht wegen der Nebentätigkeit Ärger bekam- die hätte man ohnehin genehmigen müssen- sondern weil er diese bedeutungslos geringe Tätigkeit nicht gemeldet hatte, also dem Apparat keine Arbeit verschafft hatte. Während sich die Weltbevölkerung verdoppelte und die Umweltprobleme ungeheuer schwierig wurden, während die Forschung extreme Anstrengungen unternahm, neu entstandene

Seuchen zu bekämpfen, während Firmen ums Überleben im globalen Wettbewerb kämpften, erließen staatliche Verwaltung neue Vorschriften, erarbeiteten Reformen, die sie fünf Jahre später wieder aufhoben. Die Schulräte schrieen im Jahr 1999 besonders heftig „Internet", „Vernetzung" und „Kooperation mit der Wirtschaft", aber in der Praxis durfte nichts passieren, nur die Zahl der Schubladen mit Zigaretten und Alkohol hat wohl noch zugenommen.

Jeder Rektor war überlastet mit Verwaltungskram. Bald würde es ihnen gehen wie den Finanzbeamten, die bald nicht mehr die Flut von Gesetzen überschauen konnten. Da mussten Stoffverteilungspläne geschrieben und kontrolliert werden, da mussten ineffektive Konferenzen vorschriftsmäßig durchgezogen werden, da gab es neue Statistiken über Krankheitstage der Lehrer, über Stundenversorgung, Ergebnisberichte, Schüler-Vergleich-Tests, die dann in den Schubladen des Kultusministeriums ebenso verschwanden wie irgendwelche

Verbesserungsvorschläge von „Unqualifizierten". Schule blieb natürlich Schule und Schule war etwas Schönes, aber der bürokratische Wasserkopf wurde immer dicker. Es roch nach Bohnerwachs und Stillstand.

Schluss

Das Jahrhundert und Jahrtausendende wurden dem Anlass entsprechend gefeiert. T-Shirts und Sondereditionen von Kalendern verkauften sich ebenso gut wie Silvesterknaller. Private und kommerzielle Partys wurden organisiert und am Abend zeichneten Raketen die Leuchtspur des Einmaligen und Neuen in den blauschwarzen Nachthimmel. Während sich die Dunkelheit von dem Glühen erholte und der Sekt langsam schal wurde, sprach man Wünsche und Segnungen für das neue Jahrhundert aus. Jedes Jahrhundert hatte seine Träume und Ideale. Das vergangene hatte die Rassenlehre in Europa, den Kommunismus, Sozialdemokratie und schließlich auch die Grüne Bewegung zu Grabe getragen. Absolutistische Weltmodelle wie den Marxismus-Leninismus, die freie Marktwirtschaft, das Bohr' sche Atommodell, das Keplerische Weltmodell, die paternalistische

Gottesvorstellung, die idealistische Esoterik und den Glauben an die Möglichkeit des Kontaktes zu außerirdischen Intelligenzen. Der Glaube an Kernenergie war ebenso erschüttert worden wie der an fossile Energien, die weiter als die nächsten 100 Jahre ausreichen würden. Der moralische, individualisierende Schuldbegriff des Strafrechts war ebenso fragwürdig geworden wie die Vorstellung, durch ein MEHR an Gesetzen soziale Gerechtigkeit herstellen zu können. Der Begriff des lebenslangen Lernens verdrängte die klassische Vorstellung von Bildung via Schule und Universität. Das Internet würde keines der oben genannten Probleme lösen und der um sich greifende Materialismus würde die Probleme nur noch vergrößern, ebenso wie der religiöse Fundamentalismus, der in vielen Ländern um sich griff. Albert feuerte die letzte Patrone aus seinem Signalrevolver. Das 21. Jahrhundert hatte begonnen.